Alberto Beuttenmüller
Bacharel em Jornalismo pela PUC-SP,
escritor, poeta e crítico de arte da Aica — Associação
Internacional de Críticos de Arte

Wanderley Loconte
Bacharel em História pela USP,
Professor do Ensino Fundamental, Médio e
Universitário, autor e coordenador da coleção

por dentro da história

Os maias

O povo das estrelas

Conforme a Nova Ortografia

Editora Saraiva

Editor
Rogério Carlos Gastaldo de Oliveira
Assistente editorial e preparação de texto
Kandy Sgarbi Saraiva
Secretária editorial
Andreia Pereira
Revisão
Pedro Cunha Jr. (coord.) / Camila Santana / Edilene Santos

Gerente de arte
Nair de Medeiros Barbosa
Supervisão de arte
Vagner Castro dos Santos
Projeto gráfico e capa
Tereza Yamashita
Ilustrações
Avelino Guedes
Diagramação
Francisco Augusto da Costa Filho

Projeto editorial e suplemento da Coleção "Por dentro da História"
Wanderley Loconte

Dados Internacionais de Catalogação na Publicação (CIP)
(Câmara Brasileira do Livro, SP, Brasil)

Beuttenmüller, Alberto
Os maias — o povo das estrelas / Alberto Beuttenmüller, Wanderley Loconte. — São Paulo : Saraiva, 2006. — (Coleção Por Dentro da História / autor e coordenador Wanderley Loconte)

ISBN 978-85-02-04567-5 (aluno)
ISBN 978-85-02-04568-2 (professor)

Bibliografia.

1. Maias — História 2. Maias — História — (Ensino fundamental) I. Loconte, Wanderley. II. Título. III. Série.

06-0395 CDD-372.89

Índice para catálogo sistemático:

1. Maias : História : Ensino fundamental 372.89

1ª edição/2ª tiragem, 2011

Editora Saraiva

R. Henrique Schaumann, 270 – CEP 05413.010 – Pinheiros – São Paulo – SP
Tel.: PABX (0**11) 3613-3000 – Fax: (0**11) 3611-3308 – Televendas: (0**11) 3616-3666
Fax Vendas: (0**11) 3611-3268 – Atendimento ao Professor: 0800-0117875
Endereço Internet: www.editorasaraiva.com.br – E-mail: paradidatico@editorasaraiva.com.br

Impresso na gráfica das Escolas Profissionais Salesianas

Suplemento de Atividades

Os maias

O príncipe e o lavrador

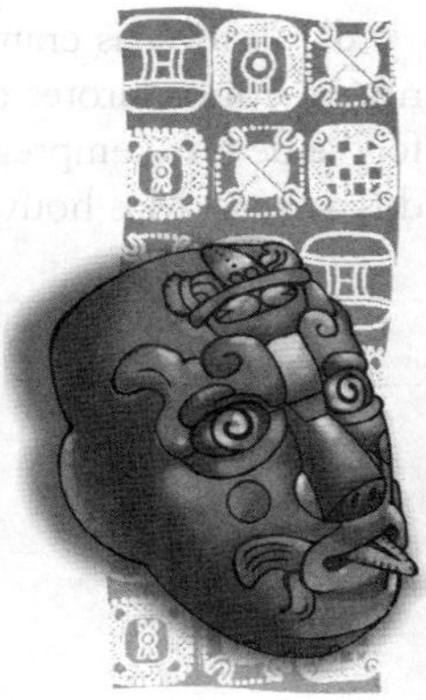

1) Os autores mostram que a sociedade de *Na Chan* era marcada por profundas desigualdades, que também existiam em outros centros da civilização maia. Cite e comente alguns exemplos dessas desigualdades.

2) Crie uma frase mostrando como a nobreza dependia dos camponeses.

3) **Pesquisa**. *Na Chan* era uma cidade-Estado, semelhante àquelas que existiram na Grécia antiga. Pesquise e procure definir o que significa a expressão "cidade-Estado".

4) Releia o texto "Mesoamérica: povos e culturas", consulte o mapa e responda:

a) Qual foi a mais antiga civilização da Mesoamérica? E onde se localizava?

b) Geograficamente, qual a diferença entre maias e astecas?

c) O grande Império da Mesoamérica foi Teotihuacan. Em qual país atual se localizava?

d) Os astecas eram em milhões; mesmo assim foram conquistados por algumas centenas de espanhóis. Vários fatores contribuíram para essa dominação: doenças trazidas pelos europeus, as armas de fogo e de ferro empregadas pelos conquistadores e as alianças entre líderes invasores e povos inimigos dos astecas. Mas houve também um importante fator psicológico. Qual foi?

❁ Conversa em família

1) Entre os maias, a terra pertencia ao Estado, que costumava concedê-la às famílias camponesas, geralmente em troca de tributos.

a) Transcreva o trecho que retrata essa situação.

b) O que a agricultura maia produzia?

2) "Civilização" é um conceito. Segundo o personagem Bor, o que um povo deveria ter para que fosse civilizado?

3) Qual era o principal motivo de guerras entre as cidades maias?

A cidade vermelha

1) De acordo com o texto "Templos e deuses maias", a religião daquele povo apresentava coincidências com o catolicismo. Entretanto, os símbolos tinham outro significado. Qual era o significado da cruz para os maias?

2) O governo do rei Pacal foi marcado por agitações internas. Crie uma frase explicando o motivo desses conflitos.

3) Os camponeses admiraram-se com as edificações que encontraram em *Na Chan*. Por quê?

A primeira aula

1) Os maias acreditavam que alguns dias do ano eram de azar.

a) Releia o texto "Calendários maias" e responda: que nome davam a esses dias?

2) **Formação de opinião.** Na sua opinião, nas sociedades modernas não existem mais crenças como essa?

3) Faça um comentário sobre a função dos escribas maias.

Dois amigos

1) Os maias deformavam o crânio dos recém-nascidos de origem nobre. Qual o motivo dessa atitude?

2) A amizade entre Kin e Zuvuya era condenada pelos costumes. Quais os argumentos usados pelo sacerdote Zupan para justificar essa afirmação?

3) **Inclusão social**. Atualmente, existem esforços para acabar com a discriminação. Dê um exemplo dessas iniciativas.

A guerra

1) Explique o motivo da guerra de *Caracol* contra *Na Chan*.

2) **Pesquisa**. Os guerreiros maias usavam armas feitas com obsidiana.

a) Pesquise para obter informações sobre esse mineral.

b) Você sabe como se denomina o especialista em minerais? Tente responder a esta questão usando um dicionário ou peça ajuda a seu professor de Geografia.

A luta pelo poder

1) **Pesquisa**. Politicamente, as cidades maias organizavam-se como teocracias.

a) Pesquise e escreva uma frase explicando essa forma de organização.

b) No mundo de hoje ainda existem teocracias? Se a resposta for afirmativa, dê um exemplo.

2) O lavrador Bor desejava que ocorressem mudanças, mas parecia não acreditar que elas aconteceriam. Como expressou isso na conversa com o sacerdote encapuzado?

Sumário

Seções

O príncipe e o lavrador

Era o primeiro dia do ano de 630 d.C. e o céu sem nuvens anunciava mais um dia quente em *Na Chan* — a Casa da Serpente —, que brilhava oculta na mais verde e funda floresta. A cidadela fora erguida em um vale, cercada por altas montanhas, de cujos cimos a água descia em profusão, abastecendo o Grande Palácio e formando várias piscinas e cascatas. Ao Norte, *Na Chan* era cercada pelas terras encharcadas que cortavam a base das montanhas da região de Chiapas e, ao sul, por densa e profunda floresta.

Nesse dia, o príncipe Zuvuya sentia-se confuso e inseguro. Com apenas 12 anos, estava pronto para iniciar sua preparação para o sacerdócio e isso significava aprender coisas que pouquíssimas pessoas sabiam. Uma enorme responsabilidade. "Será que estou preparado?", perguntava-se.

Enquanto pensava, aproximou-se de uma das janelas do palácio e pôde ver, ao longe, o início de uma partida de *pok-ta-pok*, cujo nome reproduzia o som da batida da bola de borracha na parede da quadra. Ele odiava aquele jogo porque um dos times era sempre sacrificado. O *pok-ta-pok* era o principal jogo ritual maia.

Na quadra, seis jogadores de cada lado. Todos traziam proteções de pele de animal nos ombros, cotovelos, cintura e joelhos, partes do corpo usadas para tocar a bola. Nenhum deles podia usar nem as mãos nem os pés; só o lado do corpo. A cesta onde a bola deveria ser encaixada era um anel de pedra, que ficava a dois metros de altura.

Antes de o jogo começar, os nobres dividiam-se em duas torcidas. Cada uma escolhia um time para o qual torcer. Quando o jogo terminava, a torcida do time perdedor era obrigada a dar à torcida vencedora suas joias ou vestes. Ganhava o jogo a equipe que primeiro fizesse a bola cruzar treze vezes o aro. Treze, porque este era um número sagrado para os maias; além de corresponder à quantidade de posições do Sol durante um dia.

Ao final do jogo, o time vencedor recebeu todas as honras e seus jogadores foram sacrificados ali mesmo, na quadra. Sacrificavam os vencedores para agradar ainda mais a *Chac*, deus da chuva, que poderia não se satisfazer com o sangue dos derrotados. Zuvuya não entendia o orgulho demonstrado pelas famílias dos jogadores sacrificados.

— Como os pais dos jogadores sacrificados podem estar felizes?

A explicação dada por seu pai, o sacerdote Zupan, de que os maias consideravam uma honra sacrificarem-se aos deuses, parecia-lhe insuficiente. Do mesmo jeito que ele não conseguia aceitar as grandes diferenças sociais percebidas em diversas situações.

Desviou o olhar e viu alguns nobres refrescando-se numa das várias e bem tratadas piscinas de água corrente que existiam na cidade. "Por que só a nobreza pode nadar nas piscinas, enquanto aos pobres só é permitido banhar-se nos rios?", interrogava-se.

O rei Pacal tinha piscina particular. Nela, só o rei podia banhar-se, sob o olhar da Guarda Real. Isso Zuvuya entendia, pois eram cuidados com a segurança do rei. Só não entendia por que proibiam os pobres de nadar nas outras piscinas. Afinal, eram eles que plantavam e colhiam para que nobres e sacerdotes tivessem o que comer. "Sem os lavradores, a elite maia morreria de fome", pensava.

Inquieto com tantos pensamentos, o príncipe resolveu sair. Dirigiu-se à Torre dos Ventos, o ponto mais alto da cidade, que, por isso, funcionava como observatório astronômico e posto de observação. Os sacerdotes que trabalhavam na Torre eram os melhores astrônomos da Mesoamérica; diversos povos da região os consultavam, inclusive os astecas.

Zuvuya admirava a Torre dos Ventos. Talvez ali ele fosse passar boa parte da sua vida. Será que valeria a pena fazer calendários e olhar estrelas? Ou seria melhor, quem sabe, ser um rei e acabar com as distinções sociais que tanto o incomodavam? Entretanto, um rei maia era um ser escolhido pelos deuses. E Zuvuya tinha dúvidas se ele era um escolhido.

Quando era menor, Zuvuya achava que todos eram iguais. Agora, às vésperas dos 13 anos, via somente diferenças sociais e injustiças. Uma delas era o privilégio do conhecimento: a elite maia guardava todo o saber para si, nada dando ao povo. Os camponeses e artesãos trabalhavam para que os nobres olhassem as estrelas, estudassem Matemática e fizessem previsões para o futuro. Mas que futuro teria o povo maia, com tantas diferenças sociais? "Um dia o povo pode se revoltar", pensou o príncipe.

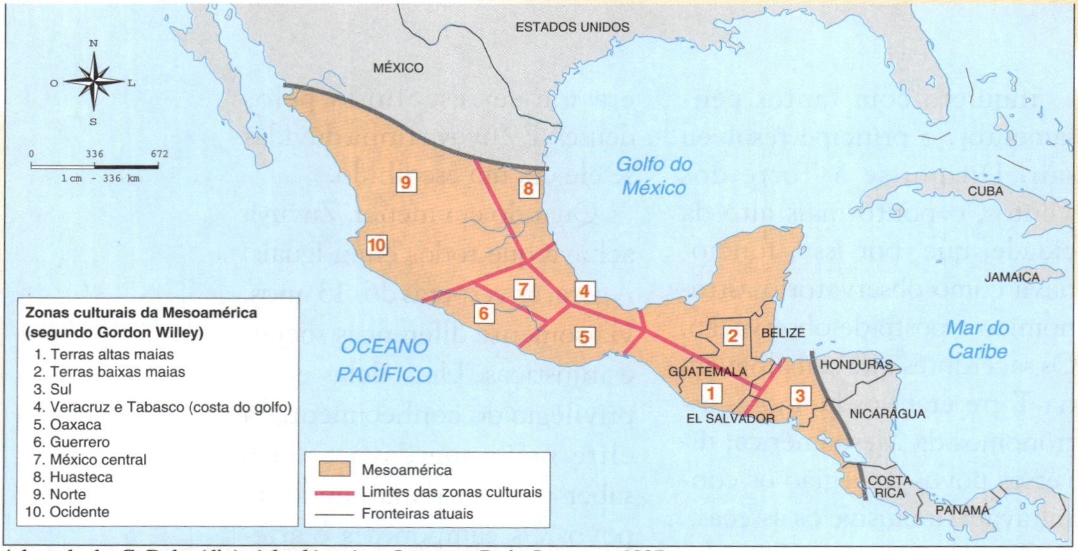

Adaptado de: G. Duby (dir.). *Atlas historique Larousse*. Paris: Larousse, 1987.

Mesoamérica: culturas e povos

O que é Mesoamérica? A expressão designa uma região da América Central e do Norte onde se desenvolveram várias culturas nativas, abarcando os atuais territórios da Guatemala, El Salvador, México, Honduras e Belize.

Fala-se de presença humana na América já em 35000 a.C. Porém, na Mesoamérica, a ocupação é bem posterior, talvez por volta de 20.000 anos, e os fósseis humanos mais antigos lá encontrados apresentam mais de 11.000 anos.

Os primeiros *chichimecas*, homens rudes da Mesoamérica, eram caçadores nômades. Por volta de 9000 a.C. iniciaram sua vida sedentária, vindo a fixar-se em vilas cerca de 5000 a.C., com a descoberta da agricultura do milho, feijão, abóbora e pimenta.

Por volta de 1300 a.C. surgiu a primeira civilização da Mesoamérica: os *olmecas* ou "povo da borracha", assim conhecidos por terem inventado a bola de borracha e o jogo de bola.

Os olmecas fixaram-se ao sul da atual cidade de Vera Cruz, perto do Golfo do México, e foram o primeiro povo da região a desenvolver uma escrita. Essa civilização disseminou-se por cidades, que foram centros cerimoniais e local de moradia dos nobres e sacerdotes. Cultuaram o deus-jaguar e erigiram grandes edifícios de pedra, além de túmulos e templos.

Essa civilização produziu uma cerâmica singular, mas ficou mais conhecida pelas esculturas em pedra — os famosos cabeções em basalto —, além das estatuetas de argila, jade, pedra, madeira, quartzo, cristal de tocha e obsidiana. Deixaram ainda sarcófagos, máscaras e estelas, e influenciaram a cultura de todos os povos que os sucederam.

Por volta de 600 a.C., a influência olmeca já era sentida nas terras maias e nas culturas chichimecas, que, mais tarde, formariam o império asteca. À medida que os povos da região se desenvolviam, os olmecas, por razões obscuras, entraram em decadência. No século III d.C. desapareceram misteriosamente da Mesoamérica.

O expoente das culturas da Mesoamérica, no entanto, foram os maias. Aprenderam muito com os olmecas, mas os superaram em tudo, principalmente na arquitetura (criaram o falso arco), na astronomia (fizeram mais de trezentos calendários, sendo o calendário solar maia mais perfeito do que o nosso atual) e na matemática, pois inventaram o zero e desenvolveram o sistema de coordenadas no século III d.C., ao passo que a Europa só descobriria o zero no século XII, trazido pelos árabes, quando eles ocuparam a Espanha.

A data do surgimento dos maias ainda é discutível, mas foi na Guatemala, na selva do Peten, que quer dizer "lugar isolado", que floresceu essa civilização.

Qual a diferença entre maias e astecas?

Essa pergunta costuma ser feita por todos que estudam a Mesoamérica. A primeira diferença é geográfica: os astecas jamais saíram do território que é hoje o México; já os maias têm suas origens na Guatemala — embora haja especialistas que creem que eles vieram de outras regiões do mundo — e depois difundiram-se por toda a Mesoamérica. Além disso, os astecas erigiram sua capital, *Tenochtitlan*, em um lago, enquanto os maias preferiam fundar suas cidades em terra firme.

Os maias fixaram-se em cinco regiões diferentes tanto em clima quanto em topografia: os altos planaltos da Guatemala; o vale do rio Montágua — região entre a Guatemala e Honduras —, onde edificaram *Copan* e *Quiriguá*; as selvas do Peten, com as cidades de *Tikal* e *Uaxactun*; o vale do rio Usumacinta, com *Na Chan*, *Iaxchilan* e *Piedras Negras*; e toda a península do Iucatan, com cidades de *Chichén-Itzá*, *Uxmal*, *Tulum* e *Maiapan*. A arqueologia atual descobriu mais de cem cidades de origem maia.

São também muitas as diferenças históricas entre as duas civilizações: os astecas surgiram como civilização do século XVI, foram invadidos em 1519 e destruídos em 1524 pelos espanhóis, comandados pelo capitão Hernan Cortez. O povo maia clássico já tinha abandonado suas cidades muito antes, seguindo com os toltecas, no século X, para o Iucatan, onde criaram uma nova ordem política, a Liga de Maiapan, deixando de lado a política de cidade-Estado e fixando novas regras: um rodízio entre as maiores cidades para capitanear a Liga: *Uxmal*, *Chichén-Itzá* e *Maiapan*, sendo esta última escolhida como a primeira capital. Com o passar do tempo houve uma grande revolução no interior do novo império e, em 1441, a nova política do Estado maia-tolteca estava totalmente desmantelada. Assim, quando Hernan Cortez passou por Iucatan em 1527, havia somente ruínas.

O maior império da Mesoamérica foi *Teotihuacan*, que quer dizer "lugar onde os deuses tocaram a terra". Por volta do século V d.C. começou a ser construída a impressionante cidade, localizada às margens do atual rio San Juan. *Teotihuacan* expandiu-se e tornou-se um grande império, ao qual foram submetidos diversos povos.

Na análise dos vestígios de *Teotihuacan* o que mais impressiona são as duas grandes pirâmides — do Sol e da Lua, sendo a do Sol a maior da Mesoamérica.

Essa cidade foi a Meca de diversos povos, que para lá iam em peregrinações anuais para homenagear os deuses, sendo a Serpente Emplumada sua mais reconhecida divindade, presente em todas as religiões da região.

Pelas marcas de incêndio nos vestígios da cidade, essa civilização, que no seu apogeu chegou a reunir 150 mil pessoas, deve ter entrado em declínio por causa de revoltas internas ou guerras com cidades vizinhas. Isso aconteceu no século VII d. C.

No início do século IX, todas as civilizações da Mesoamérica ou já haviam desaparecido ou estavam em vias de se extinguir. Mas foi nessa época que surgiram os *toltecas,* fundadores da cidade de *Tula* em 865 d.C. Foram os primeiros chichimecas a chegar ao México e tinham em comum com os astecas a língua *nahuatl.*

Os toltecas eram altamente militarizados, tornando-se bastante diferentes da cultura de *Teotihuacan*. Na mitologia tolteca, o período em que estiveram sob domínio de *Teotihuacan* foi chamado de "o longo reinado de Quetzalcoatl, a Serpente Emplumada". Os toltecas achavam que a Serpente Emplumada era um homem-deus muito justo que proibia os sacrifícios humanos.

Os toltecas influenciaram os astecas na religião; por isso, os astecas acreditavam que Quetzalcoatl, expulso de seu reino por Tezcatlipoca — deus que admitia sacrifícios humanos segundo a mitologia tolteca, aceita pelos astecas —, viria no ano 1 do calendário asteca retomar o trono. Naquele mesmo ano, Cortez chegou ao México, e a profecia Quetzalcoatl perturbou o rei asteca Moctezuma, que julgou Cortez representante da Serpente Emplumada. Esse fato facilitou a conquista do México por Cortez. *Tenochtitlan*, hoje Cidade do México, era construída em um lago. Após destruí-la, os espanhóis aterraram-na.

A noite chegava e o príncipe percebeu que devia voltar ao palácio. A caminho de casa, passou pelo Templo das Inscrições. Ali o rei guardaria nas paredes toda a história de sua dinastia. Zuvuya parou e pensou: "Graças a Pacal, todos saberão da história de *Na Chan*. A história da cidade ficará gravada em relevo nas paredes de pedra do Templo. A história da nobreza maia. A história do povo ninguém jamais saberá". E logo lhe veio outra questão: "Como o futuro julgará nossa civilização?", perguntou-se.

Longe da cidade, à beira do rio Usumacinta, Kin, um outro menino também prestes a completar 13 anos, estava inquieto. Sentado em um tronco de árvore, quis saber do pai se um dia teria a oportunidade de estudar o céu.

Apoiando a mão no ombro do filho, Bor respondeu que isso era impossível.

— Para ser astrônomo, Kin, é preciso ser sacerdote. Como você deve saber, a carreira religiosa é proibida a camponeses como nós. Como filho de um simples lavrador, seu futuro será trabalhar a terra, nada mais. Porém, tenho esperança de melhorar nossa condição de vida. Pedi ao rei Pacal a autorização para plantar a *baalché*...

— Cultivar a árvore sagrada?

— Sim, fiz o pedido através de Thor, nosso amigo escultor. Como ele pode entrar livremente na cidade, ficou de encaminhar o meu pedido ao rei. Vamos esperar um tempo para ver o que acontece.

Conversa em família

À noite, a família de Kin se reunia para conversar. Eram quatro pessoas: Bor, a mulher dele e o casal de filhos, Kin e Nakin. As mulheres maias recebiam o nome do marido ou do irmão mais velho mais a palavra *Na*, que quer dizer *casa*. A mulher de Bor era Nabor ou "a casa de Bor". A irmã de Kin era Nakin, a "casa de Kin", mas se Nakin se casasse, mudaria de nome e seria a "casa" do nome do marido. Se Nakin não tivesse um irmão mais velho, receberia o nome do pai e seria Nanabor ou "a segunda casa" de Bor.

Bor era um típico camponês maia de estatura mediana (cerca de 1,60 m), magro, braços fortes, cabelos lisos e nariz adunco; mas era diferente dos demais homens da aldeia por sua grande curiosidade em relação ao mundo exterior. Vivia fazendo perguntas aos viajantes, artesãos ou funcionários que, porventura, cruzassem seu caminho. Por isso era bem informado.

— Por que *Na Chan* é toda vermelha? — perguntou Kin ao pai.

— Vocês bem sabem que eu nunca estive lá, pois a entrada na cidade não é permitida para lavradores. Porém, contaram-me que todos os edifícios são pintados dessa cor porque a cidade fica a oeste do império maia, e o rei Pacal diz que cada ponto cardeal tem sua cor: o norte é branco, o sul é azul, o leste é amarelo e o oeste é vermelho. Por isso, *Na Chan* é vermelha.

— Fale mais sobre a cidade — pediu Nakin.

— Sei que *Na Chan* é toda calçada. Os engenheiros passam um cilindro para aplainar as pedras das calçadas e ruas. E há estradas que partem de *Na Chan* para outras cidades maias da região. *Na Chan* é cortada pelo rio Otolum ao norte, onde estão o palácio, a Torre dos Ventos e o Templo das Inscrições, enquanto as casas dos nobres se encontram ao sul.

— Há tantas estradas, mas não vamos a lugar algum — suspirou Nakin, para logo depois perguntar: — Por que os nobres têm belas vestes enquanto nós temos de usar estas feias, de tecido grosseiro?

— Os nobres bordam e fiam a própria veste. Mas as roupas sofisticadas são usadas apenas em ocasiões especiais — respondeu Bor. — No dia a dia usam tanga e cobrem a cabeça com toucas variadas e enfeites de pedra, jade e obsidiana, pois metal só existe nas terras astecas. Nos rituais, os nobres usam peles de animais — quase sempre o puma — e penas de aves, como as do *quetzal*, o pássaro sagrado.

— Mas ouvi dizer que as mulheres nobres usam longos vestidos... — interferiu Nabor.

— É verdade. As mulheres nobres vestem longos vestidos, tecidos em tear manual. Além de enfeites, como brincos, pulseiras, colares e guizos nas pernas. E se pintam com tintas vegetais de todo tipo.

— Nós fazemos nossas saias de algodão cru — interveio Nabor — e não usamos nem brincos, nem pulseiras, nem pintura. Nossas blusas de algodão raspam na pele. A única coisa boa que temos é a comida, principalmente o milho. E somente podemos comer aquilo que plantamos, caçamos ou pescamos. O governo nada nos dá — concluiu Nabor, com uma expressão de cansaço no rosto.

— Tem razão — concordou

Bor —, tem sido assim há muito tempo. Nossos ancestrais aprenderam a cultivar o milho e foi com essa planta que fundaram a nossa civilização.

— Como assim, papai? — perguntou Kin. — Quer dizer que antes de cultivarmos o milho nós não éramos civilizados?

— Pois é, filho — respondeu Bor, com voz pausada. — Dizem os sábios que um povo civilizado é aquele que possui escrita e que levantou cidades... O nosso povo só conseguiu tudo isso quando deixou de ser nômade, correndo atrás de caça, e descobriu a agricultura com o cultivo do milho.

— Mas naquele tempo eram todos que plantavam? — quis saber Kin.

— Isso eu não sei, meu filho. Sei que progredimos graças ao milho e que ainda o plantamos como os nossos ancestrais faziam: de dois em dois anos derrubamos árvores com machado de pedra, queimamos árvores em volta de uma capoeira e abrimos covas com um pau pontiagudo para enterrar sementes. Assim, nós plantamos as *milpas*, nossos campos de milho.

— Nós só plantamos milho? — quis saber Nakin, que nada entendia de lavoura.

— Claro que não! Plantamos feijão, abóbora, mandioca doce, batata e couve — respondeu Kin, antecipando-se ao pai. Depois, continuou: — Gostosos mesmo são os mariscos. Eles vêm pelo Usumacinta, que deságua no mar. Em alguns lugares o mar entra pelo Usumacinta e nos traz os mariscos, dos quais retiramos o sal.

— Ah! E eu que pensei que o seu alimento preferido fosse o chocolate, feito com cacau silvestre — comentou Nabor, rindo.

— Ainda é, mãe. Mas não estamos falando da bebida dos deuses. Nossa conversa é sobre coisas comuns — cortou Kin com um gesto, demonstrando o jeito rude típico do lugar onde moravam.

A temperatura baixara, e Nabor levantou-se para apanhar algumas mantas. Nakin trouxe pães de milho. Enquanto comiam, Kin retomou a conversa:

— Pai, nós vivemos neste casebre de madeira, coberto de palha, que nós mesmos construímos. Dormimos na cama dura que fizemos. Trabalhamos de sol a sol, sem descanso, todos os dias da semana, arando e lavrando a terra. Eu gostaria de ser astrônomo, mas o senhor disse que não posso. Será que essa situação não vai mudar nunca?

— Acho difícil — respondeu o pai. — Os nobres são os donos do mundo e nós nada podemos fazer... A não ser que...

— A não ser o quê? — quis saber Kin, ansioso.

— A não ser que todo o povo resolva, um dia, dar um basta nessa vida.

Preocupada com o rumo da conversa, Nabor desviou o assunto, perguntando ao marido sobre a paliçada que fora levantada em volta de *Na Chan*.

— É para protegê-la da ameaça de outras cidades maias — respondeu Bor, enquanto tomava chocolate em uma cuia.

— Então existe uma ameaça de guerra? — quis saber Nakin.

— Sim, filha.

— E qual o motivo? — perguntou novamente a jovem.

— Para o vencedor escravizar o vencido. Só assim o rei vencedor obtém seus operários para fazer pirâmides e palácios.

— Está vendo? Podemos acabar sendo escravos! — disse o rapaz, com ar de preocupação, para depois continuar: — Eu não entendo... as outras cidades não são maias?

— São, sim, filho.

— Então, por que os maias vivem se matando?

— É a política. Os reis maias querem pirâmides cada vez maiores. Só agora descobriram que faltam operários para construir todos esses palácios e templos.

— Quer dizer que resolveram lá entre eles? — tentava entender Kin.

— Criaram uma guerra ritual. Cada rei tem seu estandarte. O rei que conseguir tomar a bandeira do outro ganha a guerra. Assim, os reis conseguem escravos...

— Nós não vamos mais conseguir entrar na cidade com essa paliçada...

— Calma, Kin. O Thor me disse que o rei Pacal vai nos receber em breve.

— Vamos poder subir na montanha sagrada?

— Que história é essa? Toda montanha é sagrada! Você vai ver que cada colina da cidade tem um templo, dedicado a um deus.

— Então temos tantos deuses quanto as montanhas que podemos ver?

— Mais ou menos, Kin. Não se deve brincar com religião...

— Não estou brincando, pai. Fiz só uma observação...

— Qual o deus mais importante que a gente tem? — Nakin demonstrou curiosidade.

— *Kukulkan*, a Serpente Emplumada. Mas agora chega de conversa — disse Bor, levantando-se. — Vamos dormir porque amanhã sairemos bem cedo para caçar. Vi macacos, coatis e perus nas redondezas, e estamos precisando de carne. Você vai me acompanhar, filho.

Sonolento, Kin balançou a cabeça concordando com o pai.

A cidade vermelha

Dois homens adultos e um jovem aproximam-se da paliçada de *Na Chan*, chamando a atenção dos guardas. O mais alto era Thor e, ao seu lado, estavam Bor e Kin.

No portão, o chefe da guarda pediu os passes de cada um. Ele já conhecia Thor, mas não sabia quem eram os outros dois. Pelas roupas, porém, deduziu que fossem lavradores. O linho cru das vestes de Kin e Bor denunciava suas origens. Só lavradores e pescadores usavam roupas assim, mas os pescadores eram identificados bem mais facilmente por causa do forte cheiro de peixe.

Kin e Bor não traziam ornamentos e estavam descalços, como qualquer lavrador maia. Já Thor usava brincos, pulseiras, uma camisa leve de linho e calçava sandálias de couro.

Depois de examinar a autorização — o selo real gravado a fogo em um pedaço de couro —, o guarda permitiu que entrassem.

Os camponeses deslumbraram-se com a quantidade de pessoas, templos e palácios que viram ao entrar na cidade. *Na Chan* era vermelha, literalmente. As paredes de todos os templos, tudo ali era vermelho. Parecia ainda mais vermelha quando os raios do Sol batiam sob suas cúpulas.

— Então esta é a "Cidade Vermelha" — sussurrou Bor.

— Pai, o que é aquilo em cima dos templos? — quis saber Kin.

— Não sei, filho...

— Os arquitetos levantam uma parede dentro do templo que sai bem no centro do telhado com orifícios de vários tamanhos — explicou Thor.

— Para que servem aqueles buracos acima do telhado? — perguntou Kin.

— Para fazer música — respondeu Thor.

— Música? Como assim?

— Quando o vento forte passa entre aqueles furos é como se fosse uma flauta — informou o artesão.

Na Chan tinha no centro o Palácio Real, onde reinava Pacal, o Grande. O palácio ficava junto à Torre dos Ventos e ambos formavam um triângulo com o Templo das Inscrições, que ficava defronte aos dois.

Kin olhava para a Torre dos Ventos, onde os astrônomos maias viviam observando estrelas e planetas, além de fazer cálculos de distâncias e elaborar calendários cada vez mais complicados. Sabendo que o filho nutria o desejo de ser um astrônomo, Bor não quis, naquele momento, tirar-lhe o prazer daquele sonho impossível.

— Veja, pai, a Torre dos Ventos! — exclamou Kin, agitado.

— Estou vendo, filho, mas nós precisamos conhecer o palácio, onde o rei Pacal nos dará a permissão para plantar a *baalché*...

— Eu sei, pai, mas veja como a Torre é bonita...

— Eu prefiro ver a cachoeira do rio Otolum, que vem lá das montanhas e vai direto para o palácio, passando pelo aqueduto subterrâneo e levando água potável para o rei e seus súditos — disse Thor, ao apontar para a cadeia de montanhas de Chiapas.

— O que existe lá no horizonte, ao sul? — indagou Kin.

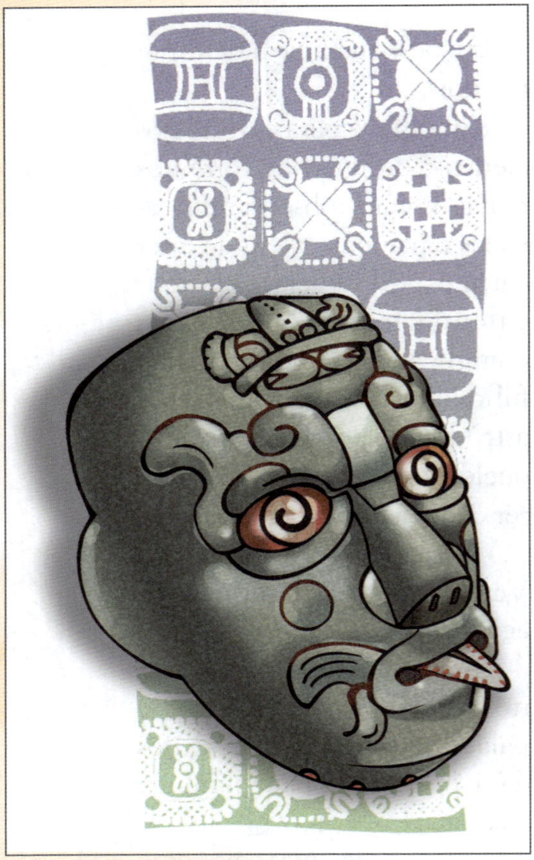

Templos e deuses maias

Assim como acontecia em outras cidades-Estado da Antiguidade, cada cidade maia possuía seus próprios deuses, muitas vezes diferentes daqueles cultuados em outras cidades. Por isso, qualquer referência a deuses maias deve vir sempre acompanhada do nome da cidade onde o deus era cultuado.

Em *Na Chan* havia, como em toda a Mesoamérica, culto aos deuses que vinham buscar o nobre após a morte. Quando um maia morria, os xamãs diziam que ele seguia para o submundo. Havia treze céus e nove infernos, ou seja, havia treze mundos para cima e nove para baixo. Aos poucos, a alma do morto ia subindo até alcançar os treze céus.

Na Chan possuía também o culto aos heróis gêmeos, que teriam retirado o mundo do caos e posto tudo no lugar adequado. Dois livros são importantes para entender como os maias pensavam seus deuses: o *Popol Vuh*, livro sagrado dos maias quichés da Guatemala, e o *Chilam Bahlam* ou "o Adivinho das coisas ocultas".

Entre os deuses mais cultuados dos maias está a Serpente Emplumada, reverenciada por quase toda a Mesoamérica, mas com nomes diferentes: os maias a denominavam *Kukulkan,* enquanto os pelos astecas deram-lhe o nome *Quatzalcoatl*.

Também *Chac*, o deus da chuva, era cultuado por muitos povos, em cada lugar com um nome diferente. Os maias acreditavam que, quando agradado, esse deus enviava a chuva, que enchia os rios e irrigava as plantações; quando contrariado, fazia chover granizo, que tudo destruía.

Os maias dividiam o mundo em quatro partes e em cada uma dessas partes havia um *Chac*, que era o seu guardião. Assim, havia um *Chac* do leste, outro do sul, outro do oeste e outro do norte. Além desses, havia mais de vinte outros deuses, alguns até engraçados, como o Monstro Bicéfalo ou *Chuen*, deus com corpo de homem e duas cabeças de macaco, eleito como deus dos escribas maias.

Os rituais da religião maia possuíam semelhanças com o catolicismo, pois aquele povo adorava a cruz (que representava os pontos cardeais), acreditava na existência da alma e usava incensos.

O número de templos aumentava à medida que surgiam novos deuses. Assim, em *Na Chan*, em toda colina havia um templo, embora tais construções fossem difíceis de serem construídas pela falta de mão de obra para deslocar grandes pedras. Uma cidade maia era quase sempre constituída pelo palácio real e muitos templos, dedicados aos mais distintos deuses. O mais importante templo maia é o Templo das Inscrições, no qual foi enterrado também o maior de todos os reis maias: rei Pacal, o Grande.

— Lá moram os nobres — explicou Thor, o único dos três que conhecia a cidade. — Ali adiante corre o rio Picota, que forma cachoeiras ao descer pelas montanhas, mas o Picota é menor do que o Otolum.

— Que templos são aqueles? — indagou Kin apontando para o leste.

— São templos menores, mas não menos importantes. São os templos da Cruz Florida, da Cruz, do Sol e, mais ao sul, o Templo do Olvido, que foi o primeiro projeto de Pacal para reunir documentos de seu pai, o astrônomo Kan Bahlum M'o, e de sua mãe, a rainha Zac-Kuk.

— Caramba! Eu gostaria de viver aqui dentro da cidade! — disse Kin.

— Olha ali a feira da cidade, disso eu entendo — cortou Bor, desconversando.

Nem bem os raios do Sol surgiam, *Na Chan* era tomada por pregões ruidosos de pescadores: vendiam-se tanto peixes marinhos do golfo do México quanto os de água doce do Usumacinta. Vendiam-se ainda *copal* para incensos, borracha ou *cauchu*, verduras, milho, feijão, cacau e jade, pedra usada para fazer colares, brincos e pulseiras dos nobres. Tanto os homens quanto as mulheres usavam tais adereços. Uma pedra de jade era considerada a maior joia de *Na Chan*. O dinheiro com que se faziam as transações comerciais era a semente de cacau.

Kin não acreditava: ele, um lavrador, dentro de *Na Chan*. Olhava para Bor e falava baixinho, embora seu desejo fosse gritar bem alto: "Eu entrei em *Na Chan*!".

— Conseguimos, pai. Só nos falta obter o selo real.

— Calma, Kin. Precisamos agradecer a Thor, sem ele não teríamos entrado...

— Para que serve um amigo? — disse Thor. — Mas tenham cuidado com o que falam. A cidade vive um momento político muito delicado.

— Por quê? — perguntou Bor.

Enquanto seguiam os guardas que os levariam ao Grande Palácio, Thor pôs-se a explicar, sussurrando, a crise política em *Na Chan*:

— O atual rei, Pacal Votan ou Escudo Solar, é o motivo de

tanta polêmica, embora seja justo, amado pelo povo e aceito por parte dos sacerdotes, como um emissário de *Hunabku* — Thor segurou os amigos pelo braço, para que os guardas que iam adiante se distanciassem um pouco mais. E retomou: — Alguns nobres estão descontentes. Pacal faz templos, mas seus rivais dizem que o rei faz tudo a favor da mãe. Os rivais acham que o Templo das Inscrições está sendo levantado para perpetuar a dinastia de um traidor.

— Quem o rei traiu? — perguntou Bor.

— Traiu a tradição. Quem deveria ser rei era o pai de Pacal, o astrônomo Kan Bahlum M'o, que desistiu em favor da mulher, a mãe de Pacal, a rainha Zac-Kuk. Os sacerdotes queriam que a dinastia seguisse sempre a lei do patriarcado, jamais a do matriarcado, como acabou acontecendo. Tudo piorou quando a rainha Zac-Kuk renunciou ao trono em favor do filho, Pacal, quando este ainda tinha 12 anos. Foi exatamente nesse momento que a mãe de Pacal disse que o filho era um emissário de *Hunabku*...

— O que é *Hunabku*? — perguntou Kin.

— É a energia do Sol da Via Láctea. *Hunabku* quer dizer "deus só existe um" — respondeu Thor.

— Eu queria saber mais sobre o rei. É com ele que vamos falar, não é, pai?

— Não sei se o rei nos receberá. Pode ser que mande um emissário...

— Como é o rei? Conte um pouco da vida dele — pediu o jovem ao escultor.

Enquanto caminhavam lentamente, Thor pôs-se a explicar aos seus acompanhantes:

— Pacal assumiu o trono de *Na Chan* aos 12 anos e recebeu a coroa da mãe, a rainha Zac-Kuk, que reinou por três anos antes de renunciar.

— Por que a rainha renunciou? — perguntou Bor, também em voz baixa.

— Porque ela achava Pacal um profeta.

— Mas e o pai de Pacal? Não governou, Thor?

— Kan Bahlum M'o preferiu a Astronomia. Deixou os assuntos do reino para a esposa, mãe de Pacal. Ela foi uma governante rígida. Foi a segunda mulher a reinar em *Na Chan*. A primeira foi a rainha Kanal-Ikal, avó de Pacal. Tudo estaria bem se Kan Bahlum M'o passasse o trono a Pacal. Mas ele deixou a esposa reinar. Por isso, parte da nobreza não aceitou tal desvio na tradição. E menos ainda essa troca do sistema político de patriarcado para matriarcado. Mesmo assim, para os amigos, Pacal é o sábio dos sábios, mas nem todos os sacerdotes acreditam que ele seja um profeta...

Thor ia continuar quando Kin soltou um grito:

— Olhe ali, pai! O Grande Palácio!

Bor parou admirado. Em seus quase 50 anos nunca tinha visto nada de arquitetura tão majestosa. Os dois campônios, pai e filho, nunca tinham visto nenhum grande edifício construído com pedra. Estavam acostumados com cabanas construídas com barro e cobertas com folhas de palmeiras. Ficaram deslumbrados e talvez, por isso, nem notaram que o palácio ainda estava em construção com apenas a face norte já erguida. O palácio maia não tinha móveis; os maias sentavam em tapetes no chão com as pernas cruzadas, como os orientais. O palácio tinha janelas amplas e muito espaço para a realização de rituais sagrados, onde deveria caber, de pé, toda a nobreza da cidade. Na sala do trono de Pacal havia um único móvel: o assento real, tendo uma cabeça de puma em cada braço. O puma era um animal sagrado para os maias.

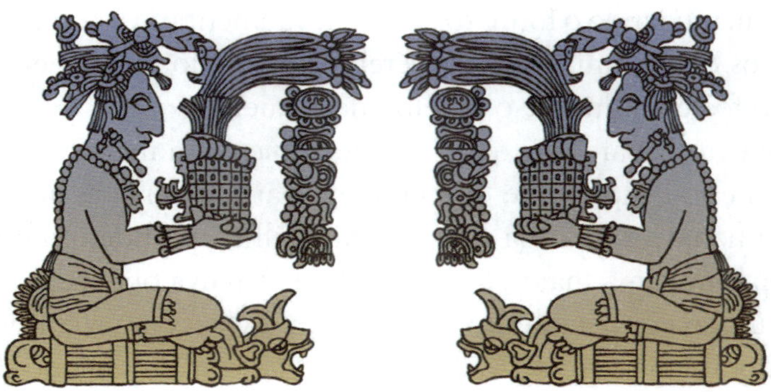

A primeira aula

Na preparação para a carreira sacerdotal, Zuvuya seria iniciado nos estudos da numerologia pelo próprio rei Pacal, que percebera nele alguns dotes especiais. Logo que nasceu, o príncipe fora submetido ao costume das tábuas de madeira. Os maias deformavam a cabeça dos meninos nobres, apertando-a com duas tábuas para que ela ficasse oval, a testa alta, como a parte maior de um ovo, que se ia afinando para trás. Faziam isso porque achavam que, assim, ampliariam o poder de pensamento, de inteligência e de domínio espacial: mudando o formato do crânio, aumentaria a comunicação entre os dois hemisférios do cérebro, de modo que o hemisfério direito fosse realmente o espelho do esquerdo.

Zuvuya preparava-se para ser um *h' men*, um mago versado na força mental superior, e queria que o pai lhe desse as aulas, mas Zupan achava que seria uma honra o filho aprender com Pacal, que era um xamã maior, fora de série. E Zuvuya obedeceu.

O único conhecimento que Zuvuya levava para sua iniciação sacerdotal era sobre o *Tzolkin*, o calendário maia sagrado de 260

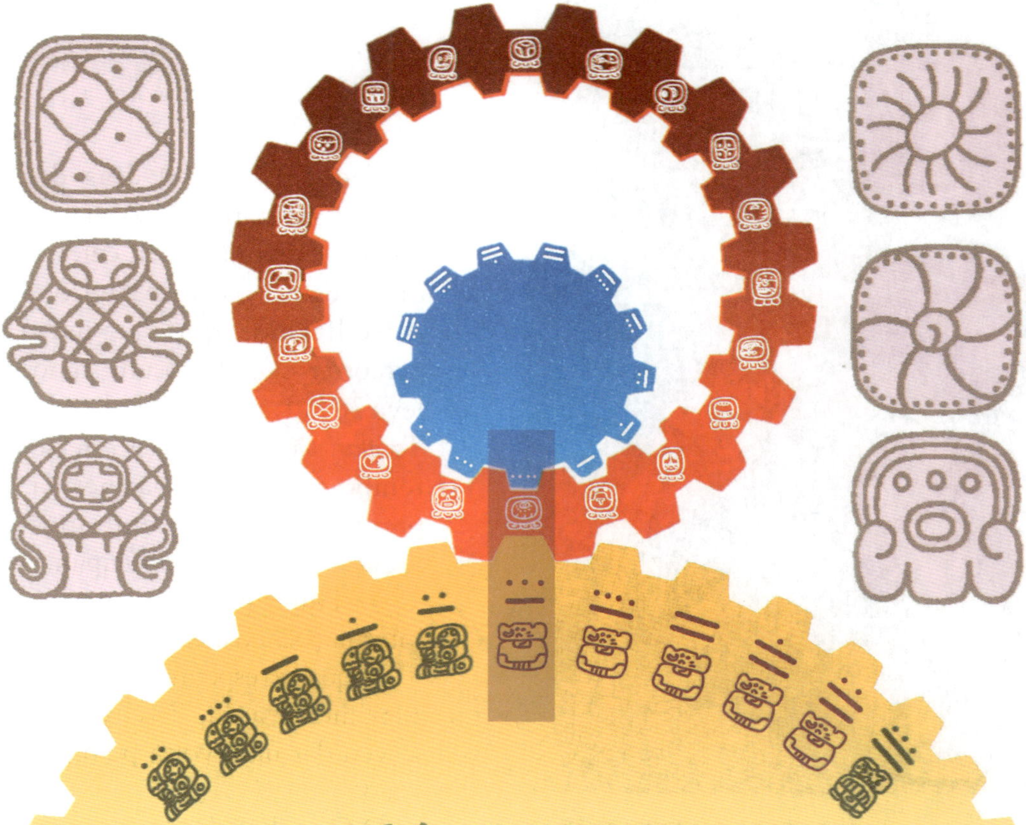

Calendários maias

Os maias clássicos usavam dois calendários circulares que rodavam unidos como rodas denteadas que se interpenetravam. Uma roda representava os treze dias mágicos, a outra, os vinte símbolos sagrados, e a terceira, os 360 dias do calendário solar (*Haab*) mais os cinco dias aziagos. Assim, o *Haab*, calendário solar de 360 dias, rodava junto ao *Tzolkin*, o calendário sagrado de 260 dias. E no final fazia-se a correção dos cinco dias nefastos (ou seja, de mau agouro) do calendário solar.

O ano solar maia era composto de dezoito meses de vinte dias e iniciava no dia Zero Pop, equivalente ao dia 25 de julho do nosso calendário, que é um calendário vertical.

Como os maias achavam os últimos cinco dias do ano aziagos, o *Haab* era usado somente nos 360 dias do ano solar e, assim, rodava facilmente com os 260 do *Tzolkin*. Os cinco dias que faltavam para o fim do ano recebiam o nome de *Uayeb* ou Cama do Ano. Nesses dias ninguém podia fazer nada. Toda a população de *Na Chan* ficava em meditação e em jejum, podendo apenas tomar água.

Os dezoito meses do ano solar ou *Haab* são: Pop = esteira; Uo = sapo; Zip = veado; Zotz = morcego; Tzec = caveira; Xul = fim; Yaxkin = verdor; Mol = reunião; Che'n = poço; Yax = verde; Zac = branco; Ceh = cervo; Mac = abrigo; Kankin = amarelo; Muan = coruja; Pax = tambor; Kayab = tartaruga; Cumku = deus da sombra.

Depois dos dezoito meses citados havia transcorrido apenas 360 dias. Era aí que entravam os cinco dias que faltavam, o *Uayeb*, a Cama do Ano, dias que davam azar, segundo os maias.

Os vinte signos sagrados do *Tzolkin* são: Imix = jacaré; Ik = vento; Akbal = noite; Kan = iguana; Chicchan = serpente; Cimi = morte; Manik = gamo; Lamat = coelho; Muluc = chuva; Oc = pé; Chuen = macaco; Eb = dente; Ben = cão; Ix = jaguar; Men = águia; Cib = coruja; Caban = terremoto; Etznab = pedra; Cauac = tempestade; Ahau = senhor.

dias, que marcava as festas religiosas e as melhores épocas para o plantio e para a pesca. E foi Zupan quem o ensinou.

Zuvuya ainda tinha muitas dúvidas. O que queriam dizer aqueles números? Por que eram mágicos?

Zupan percebeu tudo e aprofundou a explicação sobre o *Tzolkin:*

— O *Tzolkin* é mais que uma tabela, meu filho. É composto pelos números mágicos de 1 a 13, que se repetem com os vinte símbolos sagrados, é a matriz do código de tempo para fazermos profecias. Os 260 dias do *Tzolkin* são partes do Zodíaco, que é a faixa na esfera celeste onde estão os doze signos. Acreditamos que, se para percorrer o Zodíaco um signo leva 26 mil anos, os 260 dias do *Tzolkin* são uma fração desse tempo, que guarda a mesma propriedade dos 26 mil anos zodiacais — terminou Zupan.

— Hum, pai... São tantas informações ao mesmo tempo...

Enquanto esperava o rei para a primeira aula, Zuvuya resolveu dar uma volta pelo palácio.

O Grande Palácio era enorme. A casa de Zuvuya caberia inteira em um dos amplos salões. Nas paredes, tapetes, tecidos com tramas geométricas ou símbolos sagrados. A arte maia era toda regida pela religião.

Em uma das salas acomodavam-se muitos escribas, que tinham os toucados manchados de tinta, pois era na touca que o escriba guardava a pena de *quetzal*, com a qual escrevia.

Havia escribas para cada tipo de registro: enquanto alguns controlavam os tributos, outros anotavam nascimentos e mortes, negócios, campanhas militares, etc. O mais importante entre eles era o que escrevia os códices. Ele registrava a história daquela civilização e dos seus costumes em um papel feito de folhas de palmeira tratadas com resinas. O códice maia tinha uma forma peculiar: folhas eram coladas umas às outras e depois dobradas, dando-lhe a aparência de uma sanfona.

Zuvuya continuou o passeio pelo palácio e notou que havia muitos guardas, com seus punhais afiados de obsidiana, lanças com pontas feitas da mesma pedra e escudo de madeira.

O menino entrou na sala do trono. Era simples, mas cheia de energia. Havia tapetes e relevos nas paredes. Viu o trono de Pacal, usado apenas em cerimoniais, pois o rei costumeiramente encontrava-se entre astrônomos e profetas.

Ao descer uma escadaria, Zuvuya chegou aos quartos da família real. Logo um guarda impediu sua passagem; ainda assim Zuvuya conseguiu ver que as acomodações não eram muito diferentes das demais de *Na Chan*. Embora o colchão do rei fosse de penas de *quetzal* e as cobertas, de algodão leve e transparente, as camas eram de madeira dura e um forte cheiro de incenso vinha do quarto de Pacal.

Quando tentava explicar-se ao guarda, Zuvuya assustou-se com uma sombra projetada na parede. Era o rei Pacal, o Grande, que chegara silenciosamente.

Pacal tinha um toucado na cabeça, do qual saía *kukul*, a ave sagrada. A touca e o cabelo comprido davam ao rei um aspecto sinistro. O susto de Zuvuya só passou após ouvir a voz grave e doce do rei.

— Quer saber sobre a magia dos números? Então irei ensinar-lhe o que aprendi com os nossos sábios ancestrais. O saber não pertence a ninguém, mas a todos. A cultura maia se resume na frase: *In lake'ch* — "eu sou um outro você". É a mensagem de comunhão universal. Por isso, quando um maia encontra o outro, ele diz: "eu sou um outro você".

Aquelas palavras acalmaram o jovem. Zuvuya notou que o rei era magro e que estava vestido com um manto de penas. Por baixo, uma tanga e o cinturão da Serpente Emplumada. Seus olhos penetrantes pareciam querer atravessar o que lhe ficasse à frente. Não aparentava ter apenas os 27 anos que lhe atribuíam, mas muito mais. Zuvuya não conseguia fixar seus olhos no olhar forte do rei. Além de intenso, o olhar do rei era impenetrável. Entre os olhos, o nariz adunco dava-lhe a aparência de uma águia. A cabeça tinha a forma de ovo, mas era a maior de todas as que Zuvuya já vira.

— O que você vê no *Tzolkin?* — perguntou o rei-sacerdote, apontando para um calendário montado sobre a mesa.

— Sinto algo mágico, mas não sei bem o que é, mestre.

— Repare nos extremos do *Tzolkin*. Lá estão o número 1, o 7, de novo o 7, e o 13. Os números de 1 a 13 são mágicos, não devem servir só para somar coisas. São sinais. Soma das qualidades do universo. Sinais de harmonia cósmica.

Zuvuya tentava entender as qualidades dos treze números mágicos, como o rei ensinava. Para os maias, o *Tzolkin* era a chave do Universo, tudo dependia daqueles algarismos de 1 a 13 e dos vinte símbolos sagrados.

— Não se esqueça nunca dos treze números mágicos — advertiu Pacal. — Um ser humano é representado pelo número 20, pois tem vinte dedos. O 13 é mágico porque, se multiplicado por vinte, dá os 260 dias do *Tzolkin*. Nosso sistema matemático se baseia principalmente nos números 20 e 13, mas também nos números 7 e 9.

— O mundo maia se divide em quatro, não é, senhor?

— Sim. Viemos de quatro mundos, conforme os pontos cardeais. E viveremos quatro mundos. Depois, os maias deixarão suas terras por outras. Ao dividir um círculo em quatro partes, nós fazemos uma cruz. No lugar onde as linhas se cruzam há um ponto. Esse ponto é a quinta parte. É mínima, mas muito perigosa.

— É por isso que nos rituais o sacerdote coloca cinco tigelas de *baalché*?

— Isso, Zuvuya, bem observado. O sacerdote dedica quatro tigelas de *baalché* para os quatro *Chac* dos pontos cardeais. E põe uma quinta para o quinto *Chac*, cujo nome não deve ser nunca pronunciado, pois é perigoso, muito perigoso.

— Mestre, será possível resumir todo o mundo maia?

— É fácil, Zuvuya. Farei um esquema para que entenda melhor o mundo maia — disse o rei. — Nosso princípio é o número 13, símbolo do tempo. Um maia é a união dos treze números mágicos com os vinte símbolos sagrados: 13 × 20. Ou seja, igual ao *Tzolkin* de 260 dias.

A vida de um maia tem treze anos de infância, treze de adulto, treze de maturidade e treze de velhice, o que dá 52 anos. Um mundo maia resulta então de 52 × 20, que é igual a 1.040 anos, já que o homem maia tem vinte dedos e 52 anos de vida. Assim, um mundo maia tem 1.040 anos. Cinco mundos correspondem a um Universo e resultam da multiplicação dos 1.040 anos de um mundo maia por cinco mundos maias, 1.040 × 5 dá 5.200 anos. Portanto, um Universo maia tem 5.200 anos.

— Entendi, Majestade, nosso mundo é feito de cálculos matemáticos, não é?

— E assim calculamos as nossas profecias, baseadas em ciclos de mundos — completou o rei. — Agora você deve ir, para pensar em tudo que lhe ensinei.

Dois amigos

Despedindo-se do menino, Pacal ordenou aos guardas que deixassem entrar Bor e Kin na sala do trono.

Era o momento mais importante da vida dos dois camponeses, visivelmente constrangidos.

Com o seu jeito seco, o rei foi logo falando:

— A *baalché* é a forma maia de entrar em contato com *Hunabku* e ficar sabendo o que o sol da galáxia quer que nós façamos. Por isso, cultivar essa planta é uma grande honra para um maia. A partir de agora, Bor, você e os seus estão autorizados a plantar e produzir a sagrada *baalché*.

Pai e filho entreolharam-se felizes, reverenciaram o rei e saíram.

No saguão, enquanto Bor dava a boa notícia ao amigo Thor, Kin e Zuvuya encontraram-se. O menino camponês ficou admirado com as belas vestes do nobre, mas Zuvuya sentiu dó das roupas simples que Kin usava.

Até aquele instante nenhum deles havia passado pela sensação de conhecer alguém de outra classe social. O diálogo foi difícil. O primeiro a falar foi o lavrador, quebrando a tradição de que os pobres deveriam ouvir antes os nobres.

— Como é o seu nome, príncipe? — quis saber Kin.

— Zuvuya.

— Seu nome é estranho, mas é bonito! O meu é Kin...

— Kin é o nome do Sol. É mais bonito ainda.

— O que você faz aqui no Grande Palácio? — perguntou Kin.

— Eu estudo. Estou sendo preparado para o sacerdócio. Agora mesmo tive uma aula com o rei — comentou Zuvuya, com um ar de superioridade.

— Puxa vida! Deve ser muito bom poder conversar com o nosso governante. Ele lhe ensinou a pescar?

— Claro que não, Kin. O rei somente se preocupa com coisas superiores: leis do Universo, tradições...

— Desculpe-me, eu não quis ofender ninguém.

Ao perceber que havia intimidado o jovem camponês, Zuvuya tratou de tranquilizá-lo:

— Não se preocupe com isso. Na próxima vez que nos encontrarmos, prometo ensinar-lhe algumas coisas sobre a vida dos nobres. E você, me ensinaria a pescar?

— Claro! Também poderemos conversar sobre caçadas e plantação.

As promessas feitas pelos dois desafiavam as regras sociais dos maias, que proibiam relacionamentos entre pessoas de classes sociais diferentes.

Zuvuya gostou de Kin, embora houvesse muitas diferenças entre os dois. Ao se despedirem, combinaram um encontro na festa do *Chac*, deus da chuva, que seria no Templo da Cruz Florida. A essa festa Kin podia ir, porque a partir daquele dia, quando conseguiu o selo real para plantar a *baalché*, havia subido de classe.

A caminho de casa, Bor mostrava-se feliz, mas decepcionado com a frieza de Pacal.

— Como pode governar sem ouvir o povo? O rei não me deixou falar uma palavra sequer! — reclamou.

— Aprendi hoje, papai, que os nobres somente se preocupam com coisas superiores, como as leis do Universo, por exemplo.

— Ah! É assim? Mas quem é que trabalha para que eles comam? Ou para que fiquem o tempo todo admirando estrelas?

— Tudo isso pode mudar um dia. Afinal, ganhamos o selo real para plantar a *baalché*. Devíamos estar felizes, não é? — argumentou Kin.

— Zuvuya, eu não disse que você não devia conversar com lavradores? — perguntou Zupan, fuzilando o filho com o olhar.

— Disse, meu pai, mas o Kin é uma pessoa boa. Pensei que...

— Regras são regras, meu filho. São feitas para serem seguidas.

— Eu sei, pai, mas...

— Você passou por cima de uma lei importante. O reino só vive em paz porque cumpre todas as regras. Kin é lavrador, deve ficar no lugar dele. Não podia nem sequer dirigir a palavra a nós, a não ser que permitíssemos...

— Desculpe, pai, mas eu senti amizade nele, por isso...

— Espero que isso não se repita mais, filho. Em breve você será um homem santo. Deve manter sua posição para que haja sempre hierarquia em *Na Chan*.

— Pai, quem inventou essas regras?

— Nossa civilização possui milhares de anos e sempre funcionou assim, a elite não se mistura com lavradores, pescadores e vendedores ambulantes. Nós somos superiores porque adaptamos nosso crânio para perceber melhor o Universo e administrar o reino. O povo existe somente para servir-nos.

Sem dar chance a uma nova pergunta, Zupan afastou-se e Zuvuya ficou pensando em tudo aquilo. Não tinha culpa de ter nascido nobre nem queria sentir-se culpado por ter sido amável com Kin. Quando descobriu a vida, as regras já estavam feitas. Quem as fez? Por quê? Todo maia sabe que, quando nasce uma criança, seu destino já está traçado. Ou é nobre ou é pobre. Aliás, pelo dia do nascimento, sabia-se até que profissão a criança maia deveria exercer no futuro.

O aprendiz de sacerdote cansou-se de tantas perguntas sem respostas. Apesar de sábio, seu pai não conseguia explicar direito como surgiram essas regras hierárquicas. Por que ele e Kin não podiam ser amigos? Zuvuya olhava pela janela do palácio. "Por que a vida é tão complicada?", pensou.

A guerra

Bor e Kin dirigiam-se ao portão principal da cidade quando, de repente, a Guarda Real correu para a paliçada. Os dois não sabiam o que fazer quando viram Thor, que acenava e gritava:

— Venham por aqui!

Ambos correram seguindo o escultor, que os levou ao Templo das Inscrições.

— O que está acontecendo? — quis saber Bor.

— Esse é outro problema do rei Pacal...

— Que problema? — perguntou Kin.

— O rei Serpente II, de *Caracol*, deve estar no portal da cidade. Ontem, ouvi o comandante da Guarda Real dizer que o exército da cidade de *Caracol* estava perto de *Na Chan*. *Caracol* veio atacar *Na Chan*.

— Por quê? — insistiu Bor.

— Porque o rei Pacal deu abrigo ao rei de *Tikal*, Bak Chac. *Caracol* atacou e venceu aquela cidade, e Serpente II tomou o estandarte de *Tikal*. Veio exigir que Pacal entregue o rei Bak Chac.

— Então, estamos em guerra com *Caracol*! — Bor anunciou sua conclusão.

— Acredito que sim — Thor respondeu, apreensivo.

— Mas esse é problema entre os reis. Nada temos com isso — enfatizou Kin.

— Você esqueceu que os vencidos podem ser escravizados? — Bor insistiu.

— Vamos procurar um abrigo. Conheço um bom lugar — sugeriu Thor.

— Onde? — Bor demonstrou impaciência.

— Dentro da montanha, onde escavaram o túmulo de Pacal.

— Vamos nos esconder no túmulo do rei Pacal? — perguntou o lavrador, ansioso para proteger o filho.

— Lá mesmo — Thor apontou para uma saída que desembocava num estreito corredor.

O rei Serpente II era um grande guerreiro. Tinha conquistado *Tikal*, uma das maiores e mais belas cidades, onde se encontravam as mais altas e belas pirâmides construídas pela civilização maia.

As guerras entre as cidades maias clássicas tinham virado uma doença. Começaram quando Pacal nasceu, em 603.

No reinado de Pacal, *Na Chan* nunca tinha sido invadida, graças à paliçada que o rei tinha mandado levantar. Quando Pacal nasceu, *Na Chan* fora invadida por *Bonampak*. Em 603, quem reinava em *Na Chan* era a avó de Pacal, a rainha Kanal-Ikal. Agora, *Na Chan* estava sitiada pelo rei Serpente II, de *Caracol*, que ficava a 300 quilômetros de distância. O rei Serpente II tornara-se temido porque havia atacado a cidade de *Naranjo* até dominá-la e escravizar o seu povo.

Enquanto Thor levava Bor e Kin para o ventre da montanha sagrada, onde operários cavavam o futuro túmulo do rei, a Guarda Real tomava posição em torno de Pacal, Zupan e Zuvuya.

— O que está acontecendo? — perguntou Zuvuya, alarmado.

— Há um exército na porta de *Na Chan*, filho — explicou Zupan.

— Por que, pai, o que querem?

— Querem resgatar o rei de *Tikal*, que nosso rei abriga em seu palácio.

Zuvuya olhava o uniforme da Guarda Real. Aquela tropa era constituída por guerreiros do Grupo do Puma e vestia-se com a pele do felino. A cabeça do animal era o capacete. Um escudo de madeira coberto com a pele do puma era para a defesa de ataques frontais. O Grupo do Puma usava espada de obsidiana e tinha um peitoril de couro que cobria o pescoço e o peito. Os guardas eram escolhidos entre os melhores guerreiros, por sua coragem e fidelidade ao rei. Havia outros grupos com nomes de outros animais, como o da Serpente, um grupo de ataque que usava uma lança curta feita de madeira com ponta de obsidiana. Já a Guarda Real usava uma lança comprida para manter o inimigo à distância no caso de um combate corpo-a-corpo.

Pacal reuniu-se com o conselho de generais. A paliçada tinha três metros de altura e era construída com madeira revestida de palha. Se o inimigo tentasse assaltá-la, o rei de *Na Chan* mandaria tocar fogo, queimando os invasores. Para um guerreiro maia, morrer no campo de batalha era uma honra, mas morrer queimado trazia desonra. Sabendo disso, Pacal usava essa arma psicológica para conter os atacantes.

Querendo que a ameaça do fogo ficasse mais visível, Pacal mandou que seu soldado mais alto e forte acendesse uma pira diante do inimigo. Esse soldado chamava-se Kan e era um fiel escudeiro do rei.

Após duas horas de espera, um mensageiro do rei Serpente II encaminhou um pedido de audiência a Pacal.

Serpente II entrou em *Na Chan* com o estandarte de *Caracol* e o depositou na mão de Kan. Pacal o atendeu diante do portal de entrada para que os soldados de Serpente II vissem tudo o que se passava.

Os dois monarcas puseram-se frente a frente, cumprimentando-se com respeito.

— Vim resgatar um prisioneiro foragido — disse Serpente II.

— O rei de *Tikal* está aqui, é meu hóspede...

— Mas ele é meu prisioneiro de guerra...

— Não posso permitir que vossa majestade fale de meu hóspede desse modo.

— Então o rei Pacal quer a guerra?

— Odeio guerra. Mas vossa majestade sabe que um rei maia não pode deixar que seu hóspede seja maltratado...

— Está certo, rei Pacal. Sendo assim, só me resta atacar...

— Posso dar uma espiada? — perguntou o jovem.

Com um toque de trombeta, *Caracol* avisou que ia atacar. Suas armas eram iguais às lanças curtas do Grupo da Serpente de *Na Chan*. As pontas das lanças brilhavam ao sol, que batia no rosto do batalhão de *Caracol*. Mais uma vantagem para *Na Chan*: o sol tirava a visão dos soldados inimigos. Alguns soldados de *Caracol* tentaram subir na paliçada. Kan ameaçou-os com a enorme tocha que levava. Eles recuaram. Outra vez os inimigos tentaram escalar a paliçada. Um deles caiu quando o braço de Kan alcançou-o com a tocha. O guerreiro caiu em chamas, contorcendo-se em gritos, enquanto os outros se afastaram com medo.

Era a primeira vez que os dois lavradores viam uma batalha. Kin estava de olhos arregalados, seu coração batia forte; Bor suava muito, enquanto Thor tentava acalmá-lo, embora o escultor também estivesse ansioso.

Lá de cima da montanha sagrada, Bor viu o rei Serpente II pegar o estandarte de Kan e sair furioso de *Na Chan*. Viu também que dois destacamentos do Grupo da Serpente saíam pelos fundos da cidade, com suas lanças curtas, mas afiadas.

— O que será que Pacal está querendo fazer? — pensou Bor.

— Pai, o que está acontecendo? — quis saber Kin.

— É difícil dizer. Está tudo muito confuso, filho. Só sei que vai haver guerra.

De repente, um novo som de trombeta. Dessa vez era de *Na Chan*. O estratagema de Pacal dera certo. O Grupo da Serpente, que saíra pelos fundos de *Na Chan*, cercara o inimigo, enquanto este estava preocupado em subir na paliçada. Os soldados de *Caracol* estavam cercados. Se a paliçada caísse, quatro grupos de *Na Chan* atacariam pela vanguarda, enquanto o Grupo da Serpente cercaria o inimigo pela retaguarda. Dois desses destacamentos traziam uma arma surpreendente: ninhos de vespas, que, jogados no meio dos adversários, iriam desorientá-los com o seu zumbido e castigá-los com picadas dolorosas.

A ordem de Pacal ao seu exército foi de não começar a guerra. Só se defender, em caso de ataque. Serpente II percebeu que estava cercado e resolveu bater em retirada.

— Viu, filho, o rei Pacal é também um gênio militar.

— É verdade, pai, gostei de ver a nossa vitória sem sangue.

— Vamos ver se Pacal vai dar sorte com os sacerdotes — disse Thor.

— Com os sacerdotes? — perguntou Bor.

— Sim, os descontentes. Aí é que eu quero ver a estratégia do rei.

— Não fale assim, Thor — corrigiu Kin. — Nosso rei é um gênio.

— Talvez seja, mas a guerra aqui dentro vai ser bem mais difícil...

— Thor, eu só quero sair daqui. Onde é a saída? — a voz de Bor era cansada.

— Venham por aqui! — Thor apontou para uma passagem secreta.

— Onde vai dar essa passagem? — interrogou Kin, ainda assustado pelo dia agitado que vivera.

— Esta passagem é um respiradouro e ficará constantemente aberta para que a alma de Pacal esteja sempre em contato com *Na Chan*, mesmo depois de sua viagem para o além.

— Esses nobres são esquisitos, não são, pai?

— Por demais, meu filho, por demais...

A luta pelo poder

Na Chan passou a ser governada por dinastias por volta do ano 900 a.C. com o rei Kix-Chan, o chamado zero da dinastia. Os maias sempre iniciavam tudo pelo zero. O primeiro rei da família de Pacal foi Bahlum-Kuk.

A mãe de Pacal devia ter sido apenas esposa do rei Kan-Bahlum-M'o. Mas assumiu o trono, quebrando a tradição de *Na Chan* pela segunda vez.

Pressionada por todos os lados, após reinar por três anos, a rainha Zac-Kuk abdicou em favor do filho Pacal. Nobres e sacerdotes não aceitavam um rei colocado no trono pela linhagem matriarcal, a situação se agravou com o tempo e aconteceram lutas para depor o jovem Pacal. Mas foram contidas pela liderança forte da rainha-mãe, que agia nos bastidores.

O grande problema do rei era provar seu direito ao trono, embora não o tivesse herdado do pai. Nos quinze anos após a coroação, Pacal ainda tinha rivais, só que cada vez mais fortes.

A oposição, liderada por um sacerdote, queria que Zupan, meio-irmão de Pacal, subisse ao trono. Esse sacerdote, que vivia de capuz para não ser identificado, dizia que Zupan era o herdeiro e natural sucessor da linhagem paterna. Entretanto, como Pacal convencera Zupan de que era um descendente direto dos deuses, obteve sua fidelidade. Também mostrara que sua mãe, a rainha Zac-Kuk era filha da Mãe Cósmica. Este era o culto mais importante de *Na Chan*. Se Pacal era filho da filha da Mãe Cósmica, era descendente direto da principal deusa do panteão maia e tinha todo o direito ao trono. Zupan acreditava que seu meio-irmão era um avatar, um enviado dos deuses. Mas faltava provar. Por isso, planejavam uma grande audiência na qual o rei pudesse dar explicações.

Mas uma rebelião estava sendo preparada pelo sacerdote misterioso, que distorcia a voz usando uma concha sempre que falava aos seus seguidores. Ele insuflava camponeses e operários em reuniões realizadas à noite, nas margens do rio Otolum.

O sacerdote encapuzado insistia com os operários que trabalhavam no Templo das Inscrições para que cruzassem os braços, pois, para ele, o Templo era mais uma blasfêmia de Pacal contra as leis ancestrais.

Não chovia havia um mês, e as oferendas para *Chac* tornaram-se ainda mais comuns.

Naquela noite, nuvens carregadas deixaram todos esperançosos de que a chuva viria. Raios riscavam o céu, amedrontando pessoas e animais.

Mesmo assim, fora da cidade, na montanha próxima ao Templo do Olvido, um grupo se reuniu para discutir os rumos do poder em *Na Chan*.

Um vizinho de Bor convidou-o para a reunião dizendo-lhe que o sacerdote rebelde defendia uma causa justa. Bor resolveu ir, mas nada disse em casa. Se falasse, a família ficaria preocupada, justo agora que ele tinha acabado de obter o selo real para plantar *baalché*.

Bor subiu a montanha com medo. Podia perder o selo real e a vida se por acaso fosse descoberto. Mas algo nele impulsionava-o a ir. "Pode ser o começo das mudanças com que tanto sonhamos", pensou ele, que, mesmo trabalhando cada vez mais, era tão pobre naquele dia quanto sempre fora em toda a sua vida.

O sacerdote encapuzado começava a discursar quando a tocha que levava se apagou com a força do vento. Mas nem por isso ele deixou de inflamar os ânimos dos presentes, exortando-os a pegarem em armas contra o rei impostor.

Gesticulando muito e falando com uma voz rouca, o sacerdote rebelde dizia que a primeira coisa a fazer era juntar armas, pois somente com um bom arsenal é que venceriam a luta. Aqueles que não pudessem roubar armas teriam de fabricá-las às escondidas. Erguendo o punho cerrado, propôs fazer o levante exatamente no dia em que Pacal fosse aparecer em público para explicar a legitimidade da sua ascensão ao trono.

Bor a tudo ouvia, calado, braços cruzados e muita atenção.

A certa altura, querendo aproximar-se mais da pequena multidão, o sacerdote rebelde deu permissão para que falassem livremente.

— Somos iguais ante *Hunabku*, portanto todos devem falar o que sentem em seus corações — disse ele.

Então, Bor manifestou-se com voz trêmula.

— O senhor sacerdote me desculpe. Sou um pobre lavrador...

— Fale, homem!

— Gostaria de saber qual o seu interesse...

— Interesse? No quê?

— Aqui, somos todos pobres, operários e camponeses. Nada vamos ganhar com uma revolta. Se o rei Pacal perder o trono, continuaremos pobres. Para mim, o sacerdote que nos fala tem ambições... Quais são elas?

— Não tenho ambição, lavrador! Quero que se cumpra a lei ancestral, nada mais.

— Por que, então, o senhor não se reúne com os de sua classe? Nós somos fracos. O senhor pertence à classe dos nobres, os que têm poder, por que não consegue apoio lá?

— Quero fazer uma revolução com o povo!

— Desculpe, mas o povo só é chamado quando tem trabalho pela frente...

Fez-se silêncio. Bor falara a verdade, mas nem sempre a verdade é bem vista. Um camponês tinha acabado de desafiar um sacerdote.

Talvez por desprezar Bor, talvez para não perder o controle da situação, o sacerdote resolveu ignorar o que tinha ouvido e continuou falando aos pobres que agora se aproximavam mais dele.

Bor aproveitou-se da circunstância para ir embora. Mas seu coração estava cheio de medo. "Não deveria ter vindo. Não deveria ter falado o que falei", pensava.

O nobre aprendiz

As verdes águas do Usumacinta brilhavam ao Sol. Kin, pensativo, olhava o rio, cuja correnteza fazia sua silenciosa demonstração de força. Recordava o dia anterior, quando teve a glória de conhecer Pacal e de ganhar o privilégio de plantar *baalché*. Foi um dia feliz. Agora, era preparar a terra para semear e obter uma boa colheita de milho. Tudo dependia de *Chac*. Se *Chac* derramasse água em abundância sobre o solo, tudo estaria bem. Se não mandasse chuva, tudo estaria perdido. Apesar de honrados com o selo real, Kin sabia que o milho era essencial. Era o milho que sustentava o seu povo, portanto não poderia haver qualquer descuido.

Enquanto Kin e Bor semeavam, as mulheres — Nabor e Nakin — preparavam pão de milho. Vê-las no preparo do pão de milho era um espetáculo: pancadas regulares e ritmadas na massa, sempre mantendo entre as mãos a bola de milho; depois, estendiam as bolas sobre a placa de argila, ao fogo. Comeriam o pão quente, quando os homens viessem da lavoura. E, para refrescar, *pinole*, uma bebida feita de pasta de milho, misturada a grande quantidade de água.

Enquanto a família de Kin cuidava da sobrevivência, como faziam outras centenas de famílias camponesas maias, Zuvuya aprofundava-se nos estudos.

— Hoje, vou fazer uma surpresa — disse Pacal ao seu discípulo. — Vou mostrar com um gráfico como descobrimos o calendário venusiano-solar.

VÊNUS **VÊNUS**

SOL SOL

SOL SOL

VÊNUS

SOL SOL

SOL SOL

VÊNUS **VÊNUS**

— O tempo verdadeiro é determinado pela marcha de Vênus. Neste rígido quadro do tempo, o ano venusiano-solar torna-se um módulo, uma medida cósmica, um ponto de referência exato para contar a passagem do tempo. O ano venusiano-solar possui dois mil novecentos e vinte dias. Ou seja, este é o tempo decorrido para que o calendário venusiano-solar retorne ao seu primeiro dia do ano. O primeiro dia do ano do calendário solar — *zero Pop* — deve coincidir com o primeiro dia do calendário venusiano-solar, depois de dois mil e novecentos e vinte dias. Caso o calendário solar — o *Haab* — estiver adiantado ou atrasado em relação ao venusiano-solar, basta corrigir o calendário solar, igualando-o ao venusiano-solar, e os dois calendários começariam juntos a nova marcha do tempo.

— Dá para ver que são oito sóis para cinco Vênus, mas o número cinco não é perigoso, majestade?

— Perigoso, sim, mas essencial, como o polegar, que é o menor dos dedos.

A aula estendeu-se até o meio da tarde, e a ligação entre o mestre e o discípulo ficava mais forte a cada dia. O jovem admirava-se com a sabedoria e simplicidade do rei, que, por sua vez, ficava encantado com a inteligência viva do rapaz.

Terminada a aula, querendo distrair-se um pouco, Zuvuya pôs-se a caminhar. Planejara explorar o território fora da cidade.

Os nobres estavam presos ao limite urbano, onde frequentavam observatórios astronômicos, templos e palácios. Suas vidas eram cerceadas pela paliçada. Pareciam as abelhas-rainha, que não saem da colmeia, enquanto as operárias, lá fora, trabalham para sustentá-las.

As casas dos nobres ficavam dentro da cidade, enquanto as dos pobres localizavam-se fora de *Na Chan*, às vezes bem longe, onde houvesse terra fértil para o plantio ou muito peixe para garantir uma boa pesca.

O vigia da Torre dos Ventos viu Zuvuya deixar a cidadela, mas como o jovem era filho do sacerdote Zupan, o guarda achou que Zuvuya sabia o que estava fazendo.

O príncipe andou cerca de duas horas debaixo do sol escaldante, parando apenas por alguns minutos para refrescar-se nas águas dos muitos regatos que encontrava. Queria conhecer o máximo possível o mundo em volta da cidade. De repente ouviu uma voz conhecida chamá-lo:

— Príncipe Zuvuya! Aqui!

Sem perceber, ele entrara na aldeia onde moravam Kin e sua família. Era o pequeno camponês que o chamava. Com expressão alegre, mas constrangido, Zuvuya foi para onde se encontrava Kin, que insistiu para que ele entrasse.

O príncipe entrou bem devagar. Nunca havia entrado em uma moradia de camponeses. Ele viu redes de pesca misturadas a camas duras, o chão de terra batida, alguns bancos e tigelas de madeira e cerâmica dependuradas nas paredes.

O casebre tinha apenas um cômodo, que servia de cozinha e de dormitório. Não tinha móveis, e as portas e janelas

eram apenas vãos, sem fechamento. Nabor ofereceu-lhe *kayem*, um refresco feito de milho para aplacar a sede. A bela Nakin serviu a bebida ainda fresca, e seus olhos negros cruzaram-se com os do visitante, deixando-a embaraçada.

Zuvuya ficou tão impressionado com a beleza da menina que nem reparou na cuia velha e de beirada quebrada em que lhe serviram a bebida.

— Meu príncipe! Parece cansado! Como veio parar aqui? — perguntou Bor.

— Vim caminhando... Resolvi explorar os lugares em volta da cidade e cheguei aqui sem perceber. Mas estou feliz em revê-los e em conhecer sua família.

— Tem trabalhado muito? — Zuvuya dirigiu-se a Kin, interessado.

Kin mostrou-lhe um cesto repleto de espigas de milho que havia acabado de colher.

— Ajudo meu pai na colheita, príncipe — respondeu o lavrador.

As duas mulheres sorriram, pois com o milho elas fariam pão fresco.

— Seu pai sabe dessa sua aventura, príncipe? — inquiriu Bor.

— Não, ele não sabe. Mas direi a ele, pois a mentira não é honrada.

— Hum... — resmungou Bor — então, acho melhor vossa alteza voltar logo... Mas descanse um pouco mais, pois o sol ainda está forte.

Depois de sentar-se e conversar sobre amenidades com Kin, Zuvuya dirigiu-se a Bor para matar uma curiosidade. E perguntou-lhe:

— Por que você não tem barba?

— Ora, vossa alteza não sabe que somente os nobres têm esse direito? Nós, simples agricultores, somos obrigados, desde pequenos, a usar quentíssimos panos sobre a pele para que a barba não cresça.

Puseram-se a conversar sobre as diferenças nos costumes.

Zuvuya ouvia a bela Nakin com atenção. Gostou de sua beleza simples, da voz clara e doce. Era esbelta e tinha pouco menos de 12 anos, idade em que a maioria das mulheres maias se casava. Ao falar com Zuvuya, Nakin fazia esforço para não ficar vermelha. Nunca tinha visto um príncipe. Sabia que os nobres eram polígamos, mas não se importaria de ser mais uma entre as mulheres daquele belo e inteligente príncipe se ele a quisesse.

Nakin, Zuvuya e Kin conversavam tão à vontade que Bor percebeu a amizade que nascia entre eles. Achou melhor reforçar aos jovens que eles não poderiam nunca ser amigos. Pigarreou para chamar a atenção dos três, que emudeceram para ouvi-lo.

— Meu caro príncipe, meu filho Kin, minha filha Nakin. Devem ter percebido que as coisas em *Na Chan* são diferentes para cada um de nós. Nós, lavradores, plantamos, não só para comermos, mas para dar uma parte à nobreza, para que a elite estude e leve o reino para dias melhores. É o destino. Os lavradores têm seus deveres, bem como os nobres, que também têm os deles, mas há enorme diferença entre as duas classes. Por isso, como já disse a Kin, a amizade entre vocês é impossível. Será melhor nos afastarmos enquanto ainda há tempo para que o nosso sofrimento seja menor no futuro.

— Eu entendo — disse Kin, enquanto Nakin limitou-se a abaixar a cabeça.

— Eu também entendo — disse Zuvuya. — Mas... não aceito. Por que isso acontece?

— Quando nascemos, o mundo já estava assim — disse Bor, levantando-se para sinalizar que a conversa estava encerrada.

Zuvuya preparava-se para partir quando Kin teve uma ideia:

— Já que não vamos poder nunca ser amigos, por que não vamos pescar agora?

— Boa ideia! — exclamou Zuvuya, e olhou para Bor, que deu de ombros. Era a sua forma de dizer que estava de acordo.

Kin pegou a melhor rede de pesca e pequenas lanças para pescar cada peixe individualmente.

— Enquanto nós pescamos, eu lhe ensino o *Tzolkin*, que tal?

— Muito obrigado, meu príncipe. Vamos!

Naquele dia, no Usumacinta, sucedeu o que até então era impossível: dois jovens maias de classes sociais distintas e irreconciliáveis pescavam juntos, alheios às regras dos sábios da cidade. Pela algazarra que fizeram às margens do rio, pareciam desconfiar daquela sabedoria milenar. Ambos preferiam a felicidade de estarem juntos.

Ali, naquele lugar tão íntimo dos lavradores mas completamente desconhecido por Zuvuya, ele era um peixe fora d'água. Seus ricos trajes foram deixados na casa de Kin. Vestia agora uma roupa de lavrador emprestada e levava a rede de pesca que Kin lhe dera. Não parecia ser a mesma pessoa. Apesar da boa vontade, Zuvuya tinha grande dificuldade de andar com aqueles trajes e descalço. Seus pés sofriam ao pisar o chão duro. Kin ria do jeito do príncipe, dentro daquelas roupas de algodão cru, que feriam sua pele lisa e macia. Nakin também riu, mas pegou as roupas finas do príncipe para deixá-las limpas e passadas para quando ele voltasse e, infelizmente, se fosse para sempre.

— Vou ensiná-lo a jogar a rede — disse Kin.

Kin jogou longe a pequena rede. Zuvuya ficou impressionado com a destreza do amigo.

— Como é que você faz isso? — quis saber o príncipe.

— É fácil, basta treinar. Veja se consegue arremessá-la, príncipe — disse Kin, entregandolhe a rede.

Desajeitado, Zuvuya arremessou a rede, mas acabou desequilibrando-se e caindo na correnteza do rio. Como não sabia nadar, começou a se afogar. Kin percebeu e jogou-se na água para, com muito esforço, puxar o príncipe pelo braço até a margem.

É verdade que Zuvuya tinha bebido muita água, mas, mesmo um pouco debilitado, agradeceu ao amigo por ter salvado sua vida. Passado o susto, Kin não conseguiu se conter:

— De que adianta conhecer o céu se não sabe lidar com as águas de um rio?

Zuvuya concordou, e os dois puseram-se a conversar sobre o que um poderia ensinar ao outro.

— Está na hora do príncipe ir para casa. Já está ficando tarde — gritou da outra margem Bor, que não tinha visto o acidente.

Zuvuya enxugou-se na casa de Kin, vestiu suas roupas nobres e dirigiu-se ao amigo:

— Obrigado por tudo, Kin. Você e sua família são pessoas muito boas — disse o príncipe, deixando a casa de Kin.

— Apareça quando puder — disse Kin, esperançoso.

— Não esqueça o que eu disse — aconselhou Bor. — Amizade, mas à distância...

A rebelião

No caminho de volta, Zuvuya só conseguia pensar em Nakin. Jamais tinha visto olhos tão meigos e profundos. Seria a mulher talhada para casar, não fosse a grande diferença de classe social entre eles. Ele, um príncipe da Casa Real; ela, uma simples filha de lavradores. Não daria certo.

Ao entrar em *Na Chan*, viu seu pai perto do Templo das Inscrições falando com o arquiteto Chivim, que explicava a Zupan como seria aquela construção, embora o construtor não entendesse as regras religiosas ditadas por Pacal Votan.

— Terá nove andares como quer *Hunabku*, mestre Zupan. Mas por quê?

— Este lugar é sagrado. Terá a marca dos Nove Senhores do Tempo. Vou terminar os cálculos da periodicidade do novo ciclo da Terra; nove é o número de nosso atual ciclo. São múltiplos de nove todos os ciclos e períodos maias. Entendeu, mestre Chivim?

— Entendi, sacerdote.

— Além disso, o sumo-sacerdote Pacal quer ser enterrado aqui. O Templo no cimo da montanha e a câmara mortuária no ventre dela, onde está o Templo.

Ao ouvir isso, Zuvuya gelou. Seria enganosa a aparência forte do rei? Sua morte estava, assim, tão próxima?

Zupan viu o filho no meio da confusão de operários. A todo instante um homem forte cruzava por ali, carregando um grande bloco de pedra. Depois outro e mais outro. Zupan temeu pela integridade do filho.

— Filho, é melhor você ir para casa. Aqui há perigo de acidente. Antes, diga-me, por onde andou?

— Dei uma volta pelos arredores da cidade. Tive aula com o rei, aprendi mais sobre *Hunabku*, a energia pulsante e...

— Está bem, está bem. Depois conversamos. Agora vá para casa e medite.

— Farei isso. Mas, pai, o rei Pacal Votan vai morrer?

— Como todos nós, filho...

Zuvuya ouviu comentários sobre Pacal. Falava-se abertamente que o rei estaria mesmo roubando o trono de Zupan. Para certos conselheiros, houve total quebra da tradição. O prejudicado era seu pai, que perdera o trono com a ascensão de Pacal. Zuvuya apurou o ouvido.

— Depois de reinar sem ter direito, a rainha Zac-Kuk ainda abdicou em nome do filho. Pacal não é da linhagem do patriarca, mas da matriarca usurpadora — dizia um velho conselheiro.

Não adiantava dizer que Pacal era sábio, um avatar, um predestinado, e que o trono era seu por destino cósmico. A reunião para esclarecer essa pendência seria no dia seguinte, no Templo da Cruz Florida. E Zupan foi encarregado de conduzi-la.

À noite, Zuvuya puxou conversa com o pai:

— O senhor confia no rei, não é, pai?

— Para mim, ele é um sábio...

— Eu sei, pai, ele é o meu mestre. Sei que impostor ele não é.

— Ele é um avatar, filho. Um enviado dos deuses, a reencarnação da Serpente Emplumada...

— Um avatar! Nem saberei mais como falar com ele...

— A vinda dele coincide

com o ciclo no qual todos os calendários se ajustam. Sabíamos que algo incomum ocorreria, e a vinda de Pacal foi a nossa resposta!

— Então, pai, você precisa dizer isso ao conselho...

— É justamente o que vou fazer amanhã!

Enquanto os conselheiros debatiam a legitimidade de Pacal ocupando o trono, fora do Templo da Cruz Florida formou-se uma multidão de artesãos e outros serviçais urbanos, trabalhadores que tinham uma licença especial para permanecer na cidade. Liderados pelo sacerdote encapuzado, entraram no salão gritando contra a usurpação do poder.

O misterioso sacerdote começou a falar através da sua concha:

— Povo de *Na Chan*. Estamos aqui para destronar o impostor. Nada temos contra vós, cidadãos, só queremos que o governo volte às mãos do verdadeiro dono — disse.

— Deixemos que Pacal Votan fale — interrompeu um ancião.

— Pode falar, prisioneiro! — ironizou o sacerdote.

— Não sou seu prisioneiro — respondeu Pacal. — Se tivesse o juízo de olhar lá fora, veria que a Guarda Real já cercou o Templo... Se há algum prisioneiro aqui, é você, sacerdote Thup! Por traição, pois o meu povo sabe quem sou eu, que governo de acordo com a preferência dos deuses. Você e os seus seguidores serão punidos.

O rebelde fora desmascarado, e formou-se um tumulto.

Enquanto falava, Pacal esgueirava-se pelas paredes do Templo até chegar à que tinha a efígie de *Chac*. Ali, uma porta secreta dava acesso às galerias subterrâneas do Grande Palácio, por onde passava o aqueduto.

— Guardas! Prendam esse sacerdote! — ordenou Pacal, antes de sumir pela saída secreta.

Só que não havia guarda alguma fora do Templo.

Para não chamar ainda mais a atenção do povo de *Na Chan*, Pacal ordenara que a tropa fizesse exercícios militares fora da cidade. O rei blefou para distrair a atenção dos confusos seguidores de Thup, ganhando tempo suficiente para escapar.

Percebendo a manobra, Thup já se preparava para colocar Zupan no trono quando a rainha-mãe, Zac-Kuk, apareceu com os soldados da Guarda Real e cercou o prédio.

A Guarda Real surgiu com as suas sandálias metálicas, que raspavam o piso ao andar, causando intenso ruído. Usavam escudo enorme de madeira, lanças de obsidiana e afiadíssimas facas de diorita. O chefe da Guarda — comandante Zots — era tido como o mais cruel integrante daquela corporação.

Ao escapar pela porta secreta, o rei Pacal viu-se diante de um corredor escuro, que dava para as galerias do palácio. Ele próprio mandara construir aquelas galerias subterrâneas, unindo o Grande Palácio ao Templo. A rainha Zac-Kuk acompanhou pessoalmente a obra e fez tanta questão de segredo que mandou matar todos os que participaram da sua construção. Exceto Zots, transformado em comandante da Guarda Real. O próprio rei Pacal tinha certo temor dos métodos de Zots e, por precaução, guardava grande distância dele.

Tão logo conseguiu chegar ao palácio, Pacal encontrou-se com a rainha-mãe que já saía com a tropa em direção ao Templo para sufocar a rebelião, conforme aconteceu.

Pacal perdoou os presentes no comício da montanha, mas queria o sacerdote Thup prisioneiro, não só para restaurar a ordem, mas para usá-lo como bode expiatório.

Thup fugiu para as montanhas, e a Guarda Real foi no seu encalço.

A profecia

No dia seguinte bem cedo lá estava Pacal na Torre dos Ventos, o mais importante observatório astronômico da cidade, para dar aula a Zuvuya.

Uma profecia pairava no ar de *Na Chan*. Pacal só falara da profecia com Zupan. Era o vaticínio do fim dos maias clássicos, fato descoberto pelos astrônomos, segundo cálculos astronômicos e sinais vistos no céu. Os maias acreditavam que estavam no fim de um ciclo e uma nova era se avizinhava. A profecia dizia que os maias clássicos se juntariam a um novo povo — os toltecas — e iriam formar uma nova civilização na península de Iucatan.

O rei Pacal vivia uma questão de consciência: deveria contar ao povo de *Na Chan* que os maias estavam próximos do fim? Como a população reagiria? Se ele contasse, o fim da civilização clássica não viria ainda mais depressa? O povo poderia ficar com raiva e depredar a cidade, invadir o Grande Palácio. "Quem pode saber do que uma multidão é capaz", pensou Pacal.

De repente, o rei perguntou:

— Você tem algo para mim, não tem, Zuvuya?

A pergunta deixou o jovem atordoado. "Como ele sabe?", interrogou-se. "Só mesmo um avatar seria capaz de fazer adivinhações como essa."

— Sim, rei dos reis, eu... — ia dizendo, quando Pacal o interrompeu.

— Não me chame assim. Sou apenas veículo do saber. Se você me julga um sábio, deverei ser ainda mais simples. Só se tornará um sábio quem for humilde. Só o sábio sabe o quanto ainda precisa saber. Quem se sentir rei dos reis nada sabe. É um tolo! — E repetiu: — Você tem ou não tem algo para mim?

Nervoso, com as mãos trêmulas, Zuvuya estendeu-lhe a miniatura de uma estela feita em homenagem ao rei. Os maias clássicos mantinham a tradição de fazer uma inscrição em uma pedra em homenagem a uma data astronômica ou a um fato importante ocorrido no reino. Esta pedra, com inscrições hieroglíficas, era chamada de estela.

Por segundos, pareceu que o avatar chorava. Os olhos penetrantes de Pacal brilharam e o jovem sentiu uma energia estranha, de ondas invisíveis que pareciam ter aquecido a sala.

— Aqui falta a data de minha morte — disse o rei, comovido.

— Como poderei saber, mestre?

— Não fez cálculos para a estela? Se fizesse, acharia o ano de minha morte...

— A morte faz parte das sombras. É o reino de Ahau Puch, o Senhor da Sombra. Como avatar, o senhor não pode ir para um lugar tão sem luz, não é?

— Toda luz se apaga. A morte não é o fim. Só a passagem de uma energia para outra, de uma dimensão para outra. Caminha-se na direção da luz, mas também se vai para a escuridão. Grato pela estela. Não deve ser uma homenagem a mim pelo que sou. Mas pelo que tirei do fundo do seu ser. Eu sou um outro você!

— Mestre, meu pai, que é seu fiel servidor, contou-me o que aconteceu ontem. Como um sacerdote pôde traí-lo? O que aconteceu com ele?

— Não pense nisso, príncipe. Um rei maia deve estar preparado para reações desse tipo. Todos os seres humanos passam por um ciclo materialista para, depois, descobrir a felicidade de viver em harmonia.

Zuvuya percebeu que aquela mensagem ia muito além dos acontecimentos da última noite. E perguntou:

— E o nosso povo, rei Pacal, em qual estágio se encontra? Qual é o nosso futuro?

Pacal ficou quieto olhando fixamente para o horizonte. Era exatamente sobre o futuro do povo que o rei meditara nos últimos dias tensos e nas últimas noites sem dormir. O que fazer? Contar a Zuvuya que ele não terá futuro? Finalmente rompeu o silêncio falando com voz pausada.

— Isso você saberá no tempo certo. Por hoje basta, Zuvuya — e retirou-se sem dizer mais nada.

A caminho de casa, Zuvuya não conseguia pensar em outra coisa que não fosse o futuro dos maias. Por que o rei negara-se a falar sobre aquilo? Teria previsto alguma tragédia? Ou, simplesmente, ainda não confiava nele?

Pensou em Kin e na família dele, na vida simples que levavam. Imaginou que eles não se preocupavam com mais nada além de trabalhar, abrigar-se e conseguir alimento. "Acho que são mais felizes do que eu", pensou.

— Meu príncipe, que cara é essa? Está doente?

— Kin! Como vai? E sua família?

— Vou bem. Agora, a família, você quer dizer... Nakin está ótima!

Zuvuya avermelhou. Pensou que seu afeto por Nakin fosse segredo só seu, mas se Kin sabia, outros também deveriam ter percebido. E mudou de assunto.

— Queria voltar ao Usumacinta. Aquela experiência não foi boa, quase me afoguei. Gostaria de voltar lá. Você me leva?

— Não sei. O príncipe deve lembrar das palavras de meu pai: não podemos ser amigos...

— Eu sei, Kin, mas continuo não aceitando essa separação.

Afinal, fazemos parte de um mesmo povo.

— Não é questão de aceitar, príncipe Zuvuya, são as regras feitas pelos nobres.

— Sei disso, mas decidi que não deixarei de ver você e sua família. Vou tentar sempre...

Zuvuya despediu-se com um gesto de mão, mas ficou tentando adivinhar o que Kin fora fazer na cidade. Lembrou-se de que Bor agora plantava *baalché*, a árvore sagrada cujas folhas eram consumidas em rituais religiosos. *Baalché* quer dizer "poder animal" ou "animal da árvore". Cada maia tinha um animal-totem, seu *baalché*, um anjo da guarda que afastava os maus espíritos.

Quando consumiam *baalché*, os maias buscavam manter contato com os espíritos ancestrais, por meio do animal-totem de cada um. Cada maia tinha um animal-totem que não contava a ninguém, era para ser um segredo guardado para sempre. Nem o pai nem a mãe de um maia sabiam qual era o animal-totem do filho.

Zuvuya passou o dia pensando na profecia que seu pai Zupan lhe contara. Na aula com Pacal, o jovem esperou que o rei lhe contasse algo sobre a profecia, daí sua decepção quando percebeu que Pacal não ia lhe dizer nada. Entretanto, Zupan não lhe contou que era o fim dos maias, apenas disse que a profecia não era nada favorável aos maias e que tragédias ocorreriam.

Quando a noite chegou, Zuvuya custou a dormir. Lembrou-se do passeio na casa de Bor e de Nakin, que agora insistia em aparecer em seus sonhos. Mas logo sua mente povoava-se de novo com preocupações sobre a profecia.

O dia amanheceu com sol forte. Céu azul de poucas nuvens. O calor já estava sufocante quando Zuvuya chegou ao Grande Palácio, onde teria aula, à procura de Pacal, que fazia cálculos. Ansioso, foi logo falando:

— Estou preocupado com a profecia, mestre. Não consigo pensar em outra coisa...

Naquele instante, Pacal percebeu que Zuvuya sabia da profecia. Entretanto, o rei precisava ter noção de quanto o jovem sabia.

— Quem lhe contou sobre a profecia? — insistiu Pacal.

— Foi meu pai, mestre. E é verdade?

— Está escrito nos astros! Posso lhe garantir que os cálculos estão certos. Já conferi.

— A profecia é boa ou ruim?

— Nem boa nem ruim. Uma profecia é só o que é!

— Por que não é boa nem ruim, mestre?

— Porque não existe intenção numa profecia. Ela diz o que diz, ela é o que é. Se ela disser que o nosso povo irá para o norte, vamos continuar sem saber se isso é bom ou ruim. A felicidade depende de cada um; alguns serão felizes, outros, não. Só isso.

Fez-se um pesado silêncio. Zuvuya tinha medo da revelação, mas também não aguentava mais tanta angústia. Olhando-o com firmeza, Pacal revelou:

— Você também é um avatar, e depois do seu tempo nosso povo não viverá mais neste lugar.

A dança do *Chac*

Atordoado pelo que ouvira, Zuvuya pôs-se a caminhar. Não queria pensar em nada, apenas andar até que o corpo não aguentasse mais. Queria ficar perto da natureza para dividir com ela as suas aflições.

Indo na direção da aldeia onde moravam Kin e sua família, deparou-se com um funeral.

A mãe do menino morto, aos prantos, amputou o próprio dedo e o pousou no peito do cadáver do filho. Bor e Kin assistiam a tudo sem mover um músculo. Suprema dor e desespero de mãe. A violência do ato deixou Zuvuya perplexo.

Kin e Bor cumprimentaram Zuvuya, que se amparou numa árvore para não cair. Zuvuya nunca vira um espetáculo familiar tão sofrido. O pai do morto olhava impassível o corpo do menino estendido numa esteira, no chão de terra batida; a mãe chorava desconsoladamente. Zuvuya sentiu que não pertencia mesmo àquele ambiente de dor e tristeza. Suas vestes nobres de puro linho contrastavam com os panos maltrapilhos daqueles camponeses.

Percebeu que todos os olhos convergiram para ele. Zuvuya lia um só pensamento: o que faz um nobre no funeral de um lavrador? Sentiu a intensidade daqueles olhares e, aos poucos, afastou-se do velório.

"Será que eles não sabem que os nobres também sofrem?", comentou consigo mesmo.

Bor foi ao seu encontro e o levou para sua cabana. Lá, pediu a Zuvuya que sentasse no banco, que ele fizera especialmente para o príncipe. Porém, o jovem ainda estava sob o impacto da cena trágica. Mesmo assim, encontrou forças para perguntar:

— Onde vocês enterram os seus mortos?

— Enterramos nossos mortos no chão de nossas casas, assim eles ficam mais perto de nós... — respondeu Bor.

— No chão?!

— Sim, no chão sagrado de nossa casa, por quê?

— Nós enterramos nossos mortos em local sagrado. No centro do império de *Bak*. A palavra *Bak* também quer dizer "osso", porque há este local onde ficam os ossos de nossos ancestrais. Não gostaria de ver os meus ancestrais no chão onde piso...

— Essa é mais uma prova, príncipe, de que somos muito diferentes — disse Bor. — Sabemos de sua amizade por Kin e Nakin, mas isso só trará problemas. Todos iremos sofrer. Seu pai é o senhor de todos nós. Acima dele só Pacal Votan, o sumo-sacerdote. Nós, infelizmente, não somos nada. Seu pai é o vento, nós somos a poeira. Pense nisso, príncipe, por favor.

Zuvuya ouviu calado. Não tinha argumentos diante daquele homem simples e experiente. As palavras de Bor clarearam sua mente e lhe deram uma ideia de como eram as relações de poder naquela sociedade orientada pelas estrelas. Kin viu a angústia de Zuvuya e tentou a solução conciliatória:

— Você pode ser nosso amigo, mas sempre à distância. Seu pai não gostará de saber dessa amizade. Somos gente comum. Você é nobre, tem futuro, enquanto nós temos de cavar o destino com nossas próprias mãos. Você poderá ser um rei. Nós morreremos suando sob o sol e com calos nas mãos...

— Por que aquela mulher cortou o dedo fora? — perguntou o príncipe, mudando de assunto propositalmente.

— É o costume — disse Bor. — As mães dizem que os filhos são como os dedos da mão. Cada um é diferente, mas todos são importantes. Por isso, quando um filho morre, a mãe corta um dedo para seguir com o morto e, assim, mostrar que parte do seu corpo também foi decepada.

— É um costume bárbaro — disse Zuvuya.

— Pode ser — cortou Kin —, talvez sejamos rudes, porque a elite não nos dá nenhuma oportunidade para estudar...

— Você tem razão, Kin. Vocês me mostraram tudo o que lhes falta, isso é também aprendizado para mim. A elite, como vocês dizem, não sabe nada de vocês. E vocês nada sabem dessa elite. Desconhecemos nossa própria gente.

Nakin interrompeu a conversa e trouxe da cozinha bolachas de milho e uma vasilha com *kayem*. Dessa vez foi Zuvuya que ficou constrangido com a presença dela. Nakin era bela, mas tudo mudara depois da advertência de Bor. O príncipe comeu e bebeu em silêncio, encostado na parede.

De repente, o céu escureceu e veio uma chuva forte. A esperada chuva caía em abundância. Graças a *Chac*, diriam todos. Bor começou a dançar e cantar, em honra ao deus da chuva. As súplicas tinham sido ouvidas. As plantações estavam salvas. As colheitas de milho, feijão, tomate e amendoim dependiam daquela chuva, que ora banhava toda a terra maia. Havia dois meses que a terra secara e se tornara poeirenta.

— Vamos comemorar a chuva! — gritou Kin.

Bor pulava com agilidade pela cabana. Zuvuya nunca vira tanta alegria num só homem. As mulheres riam das caretas de Bor. Como bom camponês, Kin também entrou na dança. A alegria contagiou a todos e foram para fora debaixo de chuva, a pular e cantar canções em honra a *Chac*.

Zuvuya nunca tinha visto algo igual na corte. Sabia agora da importância da chuva para a lavoura e, mais ainda, para a própria sobrevivência do povo maia. Mas também aprendera que havia uma grande diferença entre nobres e camponeses. Pensando nisso, levantou-se para ir embora. Queria pensar sobre a profecia e saber do paradeiro do sacerdote Thup.

— Preciso partir!

— Melhor esperar a chuva passar — interrompeu Kin, preocupado. — Dance com esses pobres lavradores. Vamos ser amigos, à distância... O que acha?

Zuvuya hesitou, mas o apelo do amigo foi mais forte e ele caiu na dança. Estava feliz por ser aceito pelo grupo, e a água da chuva parecia lavar a sua alma.

Quando estiou, despediu-se com o coração confuso. Amava aquela gente. Sentiu o abraço emocionado de Bor e de Kin. Nabor ficou cabisbaixa, de olhos fixos na roca, onde fiava algodão. Nakin era a mais triste. Ela jamais sentira aquela sensação de vazio. Ao dar a sua pequena mão para o adeus, Nakin desviou o seu olhar para o chão. Adeus, sonhos! Adeus, Zuvuya!

O fim dos tempos

Chovia muito naquele dia 31 de agosto de 683 do calendário gregoriano, e o canto triste do *quetzal* anunciava a morte do rei Pacal.

Chan-Bahlum, o herdeiro, aparentava muito sofrimento. Seriam três dias de homenagens diante do corpo presente de Pacal e outros sete com ele já sepultado. Uma cantilena dos sacerdotes acompanhava o funeral.

O novo rei acenou para um grupo de nobres, que o ajudaram a colocar o corpo do pai num sarcófago com tampa ricamente esculpida e enfeitada com jade. Junto ao corpo, foram depositadas vasilhas com comida e bebida para que nada faltasse ao rei na longa caminhada rumo a Xibalba, o mundo dos mortos.

Zupan, o velho e fiel sacerdote, entregou a Chan-Bahlum uma máscara feita de jade, conchas e obsidiana, que ele colocou sobre o rosto de feição serena de Pacal. Deu-lhe também um cinturão com o símbolo da sua dinastia, que o filho depositou sobre o corpo inerte do pai.

Em seguida, um sacerdote pôs um cubo de jade na palma da mão direita de Pacal, enquanto outro apoiou uma esfera feita com o mesmo material na mão esquerda. Acreditavam que isso traria equilíbrio para o espírito do rei morto.

Thor aproximou-se, carregando uma grande pedra de jade onde havia esculpido a imagem do deus padroeiro do mês e uma expressão que significa "árvore da vida". Essa estela foi colocada junto à cabeça de Pacal. Depois disso, os operários mais fortes se puseram a baixar o pesado sarcófago até que se ajustasse ao buraco cavado na rocha. Feito isso, pedreiros instalaram dois tubos: o *espiritual*, por onde o espírito do rei poderia transitar, e o *oco*, que serviria para o rei comunicar-se com seus descendentes. Em seguida, cimentaram todas as entradas para a câmara mortuária. Pacal já estava em Xibalba, o mundo dos mortos.

Já no templo, o novo rei viu cinco cativos sendo arrastados para a escada. Eram quatro homens e uma mulher. Todos iriam para Xibalba, acompanhando Pacal em sua última jornada. Um deles gemia de pavor. Mas o mais jovem ia à frente, querendo logo enfrentar seu destino com insolente orgulho. Era um nobre prisioneiro, capturado em batalha e escolhido para ser sacrificado e seguir com Pacal. Por sua arrogante coragem, era considerado um bravo. Chan-Bahlum agarrou o jovem pelo cabelo e puxou sua cabeça para melhor ver seus olhos. Cerrou as mãos sobre o punho da faca de obsidiana que trazia para o sacrifício e enfiou-a no peito do cativo, perfurando seu coração. Era o sinal. Os guardas reais, bradando gritos de guerra, caíram sobre as outras vítimas com estocadas, sangrando-as até que morressem. Os corpos dos sacrificados ficaram na entrada do portal da câmara mortuária de Pacal.

Com 66 anos, Zuvuya assumira o lugar do pai, sendo considerado o mais importante sacerdote depois do rei. Mas isso não diminuíra a sua amizade por Kin nem o afeto por Nakin.

— E a sua irmã, como vai?

— Teve agora um novo neto. Ela chamou-o de Zuvuya...

— Ela deu o meu nome ao neto dela?

— O amor, príncipe, não acaba nunca, apesar de ser muitas vezes sufocado...

— É verdade. Sabe, Kin, ainda sinto algo forte por Nakin, talvez amor...

— Nakin conserva o nome de solteira, meu cunhado também se chama Kin.

— Eu que devia ter sido seu cunhado...

Fez-se um pesado silêncio. A mente do sacerdote voltou no tempo. Qual teria sido o fim de Thup? Por que nunca ensinara o *Tzolkin* para o amigo camponês? Teria sido apenas falta de oportunidade, ou será que ele, Zuvuya, não conseguira libertar-se da ideia de que os camponeses somente existiam para trabalhar? Além disso, até aquele dia não havia provas de que ele fosse um avatar. E a profecia sobre o fim da civilização maia, será que se comprovaria?

Zuvuya morreu no ano 700; pouco depois, foi a vez de Kin partir.

Embora fosse respeitado por todos, nada aconteceu para que o sacerdote fosse considerado um avatar, uma reencarnação dos deuses.

Mas cerca de trezentos anos depois, os maias deixaram a América Central e foram viver com os toltecas, na península de Iucatan. A ciência ainda não sabe com certeza qual foi o motivo dessa mudança. Suspeita-se de guerras entre as cidades, que teriam provocado uma devastação geral; afirma-se, também, que a derrubada de florestas afetou o clima, trazendo transtornos para a agricultura. Existem, ainda, outras hipóteses, todas elas sem confirmação.

A única certeza foi de que a decadência profetizada pelo rei Pacal acabou se confirmando.

Para conhecer mais

Um dos livros sobre os maias, a bíblia dos maias-quichés da Guatemala, é o *Popol Vuh — o livro das criações dos maias*, de autoria de Luiz Galdino (São Paulo: Cortez, 2005). A civilização maia nasceu na Guatemala e expandiu-se pelo México, El Salvador, Honduras e Belize. O *Popol Vuh* trata da criação mitológica do mundo, segundo os maias-quichés, que falavam *quiché*, idioma distinto do *iucateca* e do *cholan*, falados, respectivamente, no Iucatan e na região de Chiapas, onde se situa Palenque, a cidade centro de nossa história.

Outra leitura recomendada é *A civilização maia*, de Paul Gendrop (Tradução de Maria Júlia Goldwasser. Rio de Janeiro: Jorge Zahar Editor, 1987. Coleção Civilizações pré-colombianas), cujo título ficaria melhor se fosse no plural, já que os maias se espalharam por toda a Mesoamérica e fundaram cidades com características, regras e idiomas bem diferentes. Por exemplo, os maias-toltecas do Iucatan não têm semelhanças com os maias clássicos de Palenque. São diferentes em quase tudo: organização política, tipos de calendários e de religião. Palenque era uma cidade-estado independente, enquanto as cidades do Iucatan tinham em Maiapan a sua capital e eram sujeitas às regras desta cidade.

Além disso, também há o livro *A história maravilhosa dos maias*, de Affonso Varzea (São Paulo: Companhia Editora Nacional, 2002).

Há sites e museus muito interessantes relativos à cultura maia. Os maias tiveram pelo menos duas civilizações importantes: a clássica e a iucateca. Os maias clássicos desapareceram entre os séculos VIII e X, ressurgindo depois no Iucatan, misturados aos toltecas. O desaparecimento dos maias clássicos é um mistério até hoje, enquanto os maias-toltecas do Iucatan desapareceram devido à seca de 150 anos e da revolução interna entre as cidades que compunham a Liga de Maiapan: as cidades de Chichén-Itzá, Uxmal e Maiapan. Você pode ler mais sobre o assunto acessando *www.fontedosaber.com/historia/*

cultura-maia.html. A revista *Aventuras da História* http://guiadoestudante.abril.com.br/estudar/historia/destino-maias-433899.shtml, um dos melhores *sites* sobre os maias, no entanto mostra a dificuldade de ter-se uma solução total para o desaparecimento dos maias. O que há são hipóteses dos especialistas e não se pode descartar nenhuma delas.

Em http://www.canalkids.com.br/viagem/mundo/chichen.htm você encontra informações gerais sobre a civilização maia, mais especificamente sobre a cidade maia de Chichén-Itzá.

Já o *site* do Centro de Estudos do Mundo Maia (http://www.mayacalendar.com/Home.html — em inglês e espanhol) mostra como funcionavam juntos os dois calendários maias: o *Haab* e o *Tzolkin*.

Também é bom visitar o *site* bem ilustrado da Sociedade do Museu Canadense de Civilizações http://www.civilization.ca/cmc/exhibitions/civil/maya/mmc11eng.shtml — em inglês e francês), que traz *slides* sobre a arquitetura, roupas, esculturas etc., além de glossário de palavras maias e astronomia.

Mas, se você quiser conhecer mais sobre a cultura e civilização maia brincando, dê uma olhadinha no Museu de Ciências de Minnesota (http://www.sci.mus.mn.us/sln/ma — em inglês). Clicando nas localidades espalhadas em um mapa, é possível conhecer e explorar todos os aspectos de algumas cidades maias. É preciso ter em mente que Chiapas fica na área de Palenque e que Chichén-Itzá fica no Iucatan, sendo a cidade principal do clã tolteca. Seu nome quer dizer "cisterna dos Itzas", já que lá há um poço enorme usado para sacrifícios humanos.

No *site* da Fundação para o Avanço dos Estudos da Mesoamérica — FAMSI (http://www.famsi.org/mayawriting/dictionary/montgomery/index.html — em inglês), você pode consultar um dicionário de hieróglifos maias, e no *site* da Universidad Autónoma de Yucatán (http://www.uady.mx/sitios/mayas/index.html — em espanhol), um do idioma maia iucateca, além de ver as ruínas das cidades maias.

Por último, vale a visita ao *site* http://www.ghcc.msfc.nasa.gov/archeology/peten.html, que mostra o Peten, de cuja selva os maias saíram para conquistar a Mesoamérica. Peten quer dizer "lugar isolado". A selva do Peten se parece muito com a Amazônica, pelo clima úmido e pelas altas temperaturas.

Testemunho da História

O túmulo de Pacal, o Grande

Esta foi a primeira grande descoberta da arqueologia mexicana. O túmulo do rei Pacal de *Na Chan*, a Casa da Serpente dos maias, ou a Palenque dos espanhóis. Até 15 de junho de 1952, a arqueologia mundial não acreditava que os templos maias ocultassem em seu interior túmulos com sarcófagos semelhantes aos do Antigo Egito. A partir dessa data, porém, tudo mudou na arqueologia maia. O descobridor do túmulo do rei Pacal foi o arqueólogo mexicano Alberto Ruz Lhuillier, que assinalou em seu diário: "No dia 15 de junho de 1952, pudemos mover a pedra e entramos na misteriosa câmara que tínhamos procurado tão ansiosamente desde 1949. O momento de transpor o umbral foi, por certo, de indescritível emoção. Eu estava numa cripta espaçosa, que parecia talhada em gelo, pois tinha paredes cobertas por uma capa calcária lustrosa, e as numerosas estalactites, que pendiam das abóbadas como cortinas, e as grandes estalagmites suscitavam a impressão de enormes círios".

Tampa do sarcófago de Pacal, o Grande.

A belíssima laje trabalhada em baixo relevo que tampa o sarcófago de Pacal, o Grande (603-683 d.C.) parece exibir um ser extraterrestre. Foi usada por quem queria provar que os maias vieram de outro planeta, o que não é verdade. O que parece uma nave espacial é a Árvore da Vida dos maias, e a "viagem" que o rei está fazendo é para o submundo, para onde todo maia seguia após a morte, antes de alcançar o céu.

Quando Alberto Ruz adentrou a câmara mortuária de Pacal, o arqueólogo ainda não sabia de que rei se tratava. Só mais tarde, quando traduziram os hieróglifos do Templo das Inscrições, onde estava gravada nas paredes toda a dinastia da cidade, descobriu-se que o rei ali enterrado era Pacal, o Grande.

Nos tempos dos maias

3113 a.C. — Data inicial da chamada **conta longa**, que termina em 2012 d.C. e faz parte de um ciclo profético dos maias de 5.125 anos.

1100 a.C. — Primeiras ocupações no Vale de Copan. Floresce a cultura olmeca nas costas do Golfo do México; primeiros sinais de uma organização social na área do Pacífico.

300 a.C. — Começa o período pré-clássico.

100 a.C. — Início do aparecimento da escrita maia em toda a Mesoamérica, juntamente com templos esculpidos e monumentos datados. Início da criação de reinados.

50 d.C. — Centros como El Mirador e Cerros são abandonados.

150 — O reinado de Copan se estabelece.

199 — Primeira estela datada.

219 — Reinado de Yax-Moch-Xoc, instaurador da dinastia de Tikal.

320 — Yat Balam de Yaxchilan sobe ao trono e funda linhagem.

328 — Data da mais antiga estela de Uaxactun.

378 — Tikal conquista Uaxactun, e aparece pela primeira vez no panteão maia a imagem de Tlaloc, deus da guerra.

411 — Evento astronômico em Tikal.

431 — Bahlum Kuk sobe ao trono e funda dinastia em *Na Chan*.

599 — Início do período clássico tardio.

Adalberto Rios Szalay/Sexto Sol

Uma das construções símbolo da cultura maia ainda intacta na atualidade.

600-800 — Decadência de Teotihuacan, Monte Albán e cidades maias, como Copán; apogeu de outras cidades maias, como *Na Chan*.

603 — Pacal Votan, o Grande, nasce em Palenque (Xibalanqué).

612 — A Senhora Zac-Kuk, mãe de Pacal, sobe ao trono de *Na Chan*.

Representação maia do deus *Chac*

615 — Pacal Votan ascende ao trono de *Na Chan*.

635 — Nasce Chan-Bahlum, filho de Pacal.

640 — Morre a senhora Zac-Kuk, mãe de Pacal Votan.

641 — Chan-Bahlum é designado herdeiro ao trono de Pacal.

643 — Kan-Bahlum Mo', pai de Pacal, morre em Palenque.

644 — Kan-Xul, segundo filho de Pacal, nasce em *Na Chan*.

647 — Pacal dedica o primeiro templo do seu reinado a Palenque.

652 — Pacal celebra o período final de *Na Chan*.

683 — Pacal Votan morre.

684 — Chan-Bahlum assume o trono de *Na Chan*, após longo cerimonial.

690 — Chan-Bahlum dedica os templos do Grupo da Cruz em cerimonial de três dias.

702 — Chan-Bahlum morre e Kan-Xul, seu irmão mais novo, assume o trono.

799 — Cimi-Pacal assume o trono de *Na Chan*.

900 — Abandono de Tikal, um dos centros maias mais antigos.

900-1250 — Continuidade e desenvolvimento de outros centros maias influenciados pelos toltecas, como Chichén-Itzá.

Bibliografia

ARGÜELLES, José. *O fator maia*: um caminho além da tecnologia. São Paulo: Cultrix, 1993.

ARNOLD, Paul. *O livro dos mortos dos maias*: a escrita maia decifrada. São Paulo: Hemus, 1994.

FASH, L. William. *Scribes, warriors and kings*: the city of Copán and the ancient Maya. London: Thames and Hudson, 1991.

GUIRAO, P. *O enigma dos maias*: uma civilização superior na América pré-colombiana. São Paulo: Hemus, 1983.

IVANOFF, Pierre. *Descobertas na terra dos maias*. Lisboa: Livraria Bertrand, 1968.

MARTIN, Annie-Claude; MUSSET, Alain. *Os maias e os astecas*. São Paulo: Augustus, 1994.

MAUDSLAY, Alfred P. *Archaeology*: biologia centrali-americana. London: Milparton, 1974. v. 1.

MORLEY, Sylvanus Griswold. *An introduction to the Maya hieroglyphics*. New York: Dover Publications, 1975.

PROSKOURIAKOFF, Tatiana. *Essays in pre-columbian art and archaeology*. Cambridge: Harvard University Press, 1961.

RUZ-LHUILLIER, Alberto. *El templo de las inscripciones*. Mexico: Instituto Nacional de Antropologia e Historia, Colección Científica, Arqueologia 7.

SCHELE, Linda; FREIDEL, David. *A forest of kings*: the untold story of the ancient Maya. New York: Quill William Morrow, 1992.